Lothar J. Seiwert

Selbstmanagement

Lothar J. Seiwert

Selbstmanagement

Persönlicher Erfolg – Zielbewußtsein – Zukunftsgestaltung

6. Auflage

GABAL

CIP-Titelaufnahme der Deutschen Bibliothek

Seiwert, Lothar J.:
Selbstmanagement: Persönlicher Erfolg, Zielbewußtsein, Zukunftsgestaltung / Lothar J. Seiwert.

6., durchges. Aufl., 14.-16. Tsd. – Offenbach: GABAL, 1996
ISBN 3-923984-45-6

1. Auflage	1.	-	2. Tausend	August	1988
2. Auflage	3.	-	4. Tausend	November	1989
3. Auflage	5.	-	7. Tausend	Januar	1991
4. Auflage	8.	-	10. Tausend	Juni	1992
5. Auflage	11.	-	13. Tausend	April	1995
6. Auflage	14.	-	16. Tausend	Januar	1996

Titel-Illustration:	Udo Leuchtmann, Bremen
Cover:	Axel Gross, Bremen
Text-Illustration:	Erik Liebermann, Hagen/Riegsee
Satz und Layout:	Druckerei Fortmann KG, Speyer
Lektorat:	Johanna Frank, Dudenhofen
Druck:	rgg Druck- und Verlagshaus, Braunschweig
Herausgeber:	Prof. Dr. Hardy Wagner, Speyer

Verlagsinformation:
Jünger Service, Schumannstr. 161, 63069 Offenbach
Tel.: 0 69/84 00 03-22 (-0)   Fax: 0 69/84 00 03-33

Vorwort des Herausgebers

Bei dem hier in 6. Auflage vorgelegten Band „SELBSTMANAGEMENT – Persönlicher Erfolg, Zielbewußtsein, Zukunftsgestaltung“ handelt es sich um den aktualisierten und erweiterten Nachdruck eines in der Management-Enzyklopädie erschienenen, umfangreicheren Beitrags.

Wir danken dem Verlag moderne industrie, bei dem auch das „Hauptwerk“ des Autors, „Mehr Zeit für das Wesentliche“, – der „Große Seiwert“ – inzwischen in 16. Auflage erschienen ist, für das großzügige Nachdruckrecht.

Der erwähnte Beitrag unseres Erfolgsautors Lothar J. Seiwert wurde bereits in mehreren Loseblatt-Werken wie „Kundendienstleiter-Handbuch“, „Der kaufmännische Geschäftsführer“ und „Management aktuell“ des Verlages moderne industrie in verschiedenen Versionen abgedruckt. Dies und der Erfolg der weiteren GABAL-Bände von Lothar J. Seiwert haben uns veranlaßt, diese Neufassung seit der 5. Auflage als Hardcoverversion zu verlegen.

Der vorliegende GABAL-Band zum Thema Selbst-Management orientiert sich konsequent an den verschiedenen Funktionen des Management-Regelkreises: Zielsetzung, Planung, Entscheidung, Realisation, Kontrolle und Kommunikation, wobei die arbeitsmethodische Relevanz sowie die Umsetzung im Vordergrund stehen.

Während der in 5., verbesserter Auflage vorliegende GABAL-Band von Hardy Wagner, Persönliche Arbeitstechniken – gemäß seinem Untertitel: Grundlagen und Methoden erfolgreichen Selbst-Managements –, vor allem den strategischen Aspekt des Selbst-Managements beschreibt, legt Lothar J. Seiwert besonderen Wert auf eine ausführliche Darstellung der operativen Umsetzung. Insoweit ergänzen sich gerade diese beiden Selbst-Management-Bände aus der GABAL-Reihe für die erfolgreiche Zukunft in besonderer Weise.

Speyer, im Dezember 1995

Herausgeber

Prof. Dr. Hardy Wagner

INHALTSVERZEICHNIS

1. Bedeutung und Funktionen des Selbstmanagements

Definition: Selbstmanagement

> **Selbstmanagement ist eine Arbeits- und Lebenstechnik, sich selbst so zu führen und zu organisieren (= zu managen), daß man Erfolg hat.**
>
> Das Ziel ist, mehr aus sich zu machen, sein Leben bewußt zu steuern **(Selbstbestimmung)** und weniger Spielball der Arbeits- und Lebensverhältnisse anderer **(Fremdbestimmung)** zu sein.

Beruflicher Bereich

In diesem Buch steht der **berufliche Bereich,** die Arbeit, im Vordergrund. Hier geht es in erster Linie darum, die Situation eigener, ungeordneter Arbeit und von außen beeinflußter Aufgabenerfüllung in eine Situation zielorientierter, systematisch geplanter und erledigter Aufgaben umzuwandeln.

Arbeitsverhalten verbessern

Die Verbesserung des eigenen **Arbeitsverhaltens** muß von jedem einzelnen selbst ausgehen; **Selbstmanagement** bedeutet, die eigene Zeit und die eigene Arbeit zu beherrschen, anstatt sich von diesen beherrschen zu lassen. Dazu ist es zunächst einmal notwendig, sich selbst zu „beherrschen", d. h., aktiv seine **Arbeitsabläufe** zu beeinflussen und zu steuern. Selbstmanagement will eine Steigerung der Leistung und Einsparung von Zeit durch bessere Methoden und Instrumente erreichen, um den persönlichen **Erfolg** und das betriebliche Ergebnis zu verbessern.

Arbeitsabläufe steuern

Erfolge erzielen

1.1 Selbstmanagement und Selbstanalyse

Arbeitsstil analysieren

Arbeitsabläufe auswerten

Die Voraussetzung dafür, daß man an seinem **persönlichen Arbeitsstil** überhaupt etwas ändert, ist zunächst die Kenntnis darüber, was man im einzelnen tut und wie man es tut. Oft bestehen nämlich völlig falsche Vorstellungen darüber, wie und wofür man im **täglichen Arbeitsablauf** seine Zeit verwendet. Bestimmte vorstrukturierte Verfahren der Situations- oder Selbstanalyse bieten hierzu eine gute Hilfestellung.

Analyseblatt

Beginnen Sie mit einer

- ☐ **Tätigkeits- und Zeitanalyse** sowie
- ☐ einem **Tagesstörblatt**

und füllen Sie dieses Blatt an drei typischen Arbeitstagen konsequent und lückenlos für sich persönlich aus – ehrlich und selbstkritisch (Abb. 1)!

Tätigkeits- und Zeitanalyse – Störblatt						Tagesdatum: ________
Prio-rität	von bis	Tätigkeit	Dauer	Störung von bis	Telefonat oder Besuch	Bemerkungen, z.B. Gründe für Störungen

Abb. 1: Tätigkeits- und Zeitanalyse – Störblatt

Zeitfresser-Analyse

Ermitteln Sie nun die Ursachen Ihres Zeitaufwandes:
Welches sind Ihre häufigsten und brennendsten persönlichen Zeitfresser?

- ☐ Keine Ziele, Prioritäten oder Tagespläne
- ☐ Versuch, zuviel auf einmal zu tun
- ☐ Wartezeiten (z. B. bei Verabredungen)
- ☐ Hast, Ungeduld
- ☐ Persönliche Desorganisation/überhäufter Schreibtisch
- ☐ Papierkram und Lesen
- ☐ Schlechtes Ablagesystem
- ☐ Zuwenig Delegation
- ☐ Mangelnde Motivation/indifferentes Verhalten
- ☐ Mangelnde Koordination/Teamwork
- ☐ Telefonische Unterbrechungen
- ☐ Unangemeldete Besucher
- ☐ Unfähigkeit, nein zu sagen
- ☐ Unvollständige oder verspätete Informationen
- ☐ Fehlende Selbstdisziplin
- ☐ Aufgaben nicht zu Ende geführt
- ☐ Ablenkung/Lärm
- ☐ Nicht informiert
- ☐ Besprechungen
- ☐ Keine oder unpräzise Kommunikation
- ☐ Privater Schwatz
- ☐ Zuviel Kommunikation und zu viele Aktennotizen
- ☐ Unfähigkeit zuzuhören
- ☐ Unentschlossenheit
- ☐ Alle Fakten wissen wollen

Ist-Analyse

Kreuzen Sie die drei bis fünf wichtigsten an, und lesen Sie die nachfolgenden Ausführungen insbesondere unter diesen Aspekten!

Lösungsideen

Versuchen Sie zunächst selbst, Ansatzpunkte für **Lösungsmöglichkeiten** Ihrer persönlichen Zeitverschwender zu finden; tragen Sie diese gleich in unsere Übersicht (Abb. 2) ein:

Zeitfresser	Mögliche Ursachen	Maßnahmen / Lösungen

Abb. 2: Zeitfresser-Analyse

1.2 Funktionen des Selbstmanagements

Selbstmanagement-Prozeß

Die Bearbeitung von einzelnen Aufgaben und Problemen im Rahmen des **Selbstmanagements** entspricht den Stufen des Managementprozesses und läuft auch in dieser Reihenfolge ab:

1. Analyse und Formulierung der angestrebten Ziele.
2. Planung als Vorbereitung zur Verwirklichung der Ziele.
3. Entscheidung über durchzuführende Aufgaben.
4. Organisation und Durchführung von Maßnahmen (Realisation).
5. Kontrolle der Zielerreichung und Abweichungsanalyse.
6. Austausch von Informationen und Kommunikation.

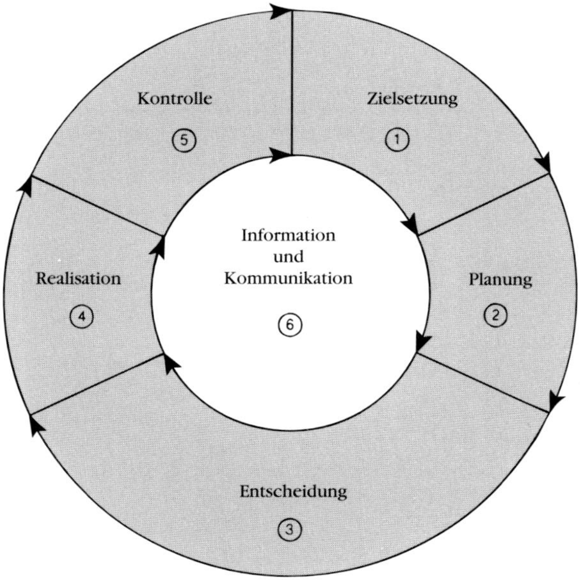

Abb. 3: Selbstmanagement-Regelkreis

Regelkreis

Die Funktion „Information und Kommunikation" ist dabei bei jedem Teilschritt erforderlich, wie auch das vereinfachte **Regelkreismodell** in Abb. 3 zeigt.

Die Funktionen laufen hier nicht in dieser einfachen Form nacheinander ab, sondern sind vielfältig miteinander verflochten. Ihr persönliches **Selbstmanagement** wird dann erfolgreich sein, wenn Sie

Selbstmanagement

- Ihren komplexen, unübersichtlichen Aufgabenkatalog transparent machen und aufgliedern,
- jede Einzelaufgabe in der beschriebenen Weise systematisch bearbeiten und
- sich jederzeit einen aktuellen Einblick über alle zu bearbeitenden Aufgaben verschaffen.

1.3 Überblick: Arbeitstechniken

Eine schematische Darstellung der wichtigsten **Arbeitstechniken** und deren Anwendungsmöglichkeiten erfolgt in Abb. 4:

Arbeitstechniken

Funktionen	Arbeitstechniken Methoden	Erfolge, Ergebnisse (Zeitgewinn durch...)
① Zielsetzung	Zielfindung Situationsanalyse Zielstrategien und Erfolgsmethoden Zielformulierung	Motivierung, Beseitigung der Schwachstellen, Erkennen der Vorteile, Konzentration der Kräfte auf den Engpaß, Fixierung der Termine und nächsten Schritte
② Planung	Jahresplanung · Monatsplanung Wochenplanung · Tagesplanung Prinzipien des Zeitmanagements ALPEN-Methode Management mit Zeitplanbuch	Vorbereitung zur Verwirklichung der Ziele, optimale Einteilung und Ausnutzung der zur Verfügung stehenden Zeit, Reduzierung der Durchführungszeit
③ Entscheidung	Prioritätensetzung Pareto-Zeitprinzip (80 : 20-Regel) ABC-Analyse Eisenhower-Prinzip Delegation	Erfolgreiche Arbeitsgestaltung, lebenswichtige Probleme vor nebensächlichen Problemen, Ordnen der Aufgaben nach Wichtigkeit, Überwindung der „Tyrannei" des Dringenden, produktiver Arbeitseinsatz
④ Realisation und Organisation	Tagesgestaltung Leistungskurve Biorhythmus Selbstentfaltung Tagesrahmenplan	Anwendung des Selbstmanagements, Konzentration auf die wesentlichen Aufgaben, Ausnutzung des Leistungshochs, Berücksichtigung periodischer Schwankungen, Entwicklung eines persönlichen Arbeitsstils
⑤ Kontrolle	Arbeitsablaufkontrollen (Soll-Ist-Vergleich) Ergebniskontrollen (Zielkontrollen, End-, Zwischenkontrollen), Tagesrückschau (Selbstkontrolle)	Sicherstellung der geplanten Leistung, positive Lebensführung
⑥ Information und Kommunikation	Rationelles Lesen Rationelle Besprechungen Rationelle Zweiergespräche (Besuchermanagement) Rationelles Telefonieren Rationelle Korrespondenz Checklisten und Formulare	Höhere Lesegeschwindigkeit, bessere Konferenzorganisation, Sprechzeiten, Abschirmung vor Störungen, weniger Unterbrechungen, weniger Papierkrieg

Abb. 4: Arbeitstechniken im Überblick

2. Zielsetzung

2.1 Ziele setzen – in Zielen denken

Ziele setzen heißt,

Wünsche formulieren

- unsere Bedürfnisse und **Wünsche** sowie die Aufgaben, die wir haben, als konkrete Absichten zu formulieren und

Handlungen ausrichten

- unsere **Handlungen** und unser Tun auf diese Ziele und ihre Erfüllung hin auszurichten.

Leistungen messen

Ziele sind eine Herausforderung und lösen Handlungen aus. Sie sind gleichzeitig Maßstab zur Beurteilung von **Leistungen.** Ohne Ziel nämlich ist jede Tätigkeit und jedes Arbeitsergebnis richtig oder falsch; denn es fehlt das Bewertungskriterium, an dem Sie Ihren Arbeitseinsatz messen können.

Ohne Ziel nutzt auch die beste Arbeitsmethode nichts, wenn Sie nicht vorher klar und eindeutig festgelegt haben, was Sie wollen.

Zukunft planen

Ziele setzen heißt, in Richtung **Zukunft denken.** Das traditionelle Denken in Einzelaufgaben verleitet dazu, sich in Einzelheiten zu verlieren. Das Denken in Zielen bewirkt, daß das Einzelne auf das große Ganze ausgerichtet wird. **Man weiß, wohin man will und welchen Zustand es zu erreichen gilt.**

Selbstmotivation
Konzentration

Wer „bewußt" Ziele hat, richtet auch seine unbewußten Kräfte auf sein Tun aus **(Selbstmotivation).** Ziele dienen der Konzentration der Kräfte auf den eigentlichen Schwerpunkt.

2.2 Zieldimensionen

Ziele

Ziele müssen eindeutig und überprüfbar sein:

– Inhalt

- **Zielinhalt**
  Was soll erreicht werden (Endzustand, -verhalten)?

– Ausmaß

- **Zielausmaß**
  Was muß erreicht werden (Minimum)?
  Was kann erreicht werden (Maximum)?

– Dauer

- **Zieldauer**
  Wann soll der angestrebte Zustand erreicht sein (Endpunkt)?

2.3 Persönliche Zielfindung und Zielanalyse

Zielklarheit

Welche Ziele wollen Sie erreichen? Verschaffen Sie sich darüber Klarheit, und schreiben Sie auf dem Arbeitsblatt alle **Wunsch- und Lebensziele** nieder, die Sie für die nahe und ferne Zukunft haben (Abb. 5).

Nächster Schritt ist die **Ziel-Mittel-Analyse**, bei der die zur Erreichung der Wunschziele notwendigen Mittel (persönliche, finanzielle, zeitliche Ressourcen) mit der Ist-Situation verglichen werden. Prüfen Sie, was Sie noch in Angriff nehmen müssen, um Ihren Lebens- und Karrierezielen näher zu kommen (vgl. dazu Abb. 6, S. 20).

Berufliche Wünsche

- langfristig (Karriereziele)

- mittelfristig (5 Jahre)

- kurzfristig (noch in diesem Jahr)

Private Wünsche

- langfristig (Lebensziele)

- mittelfristig (5 Jahre)

- kurzfristig (noch in diesem Jahr)

Abb. 5: Wunsch- und Lebensziele

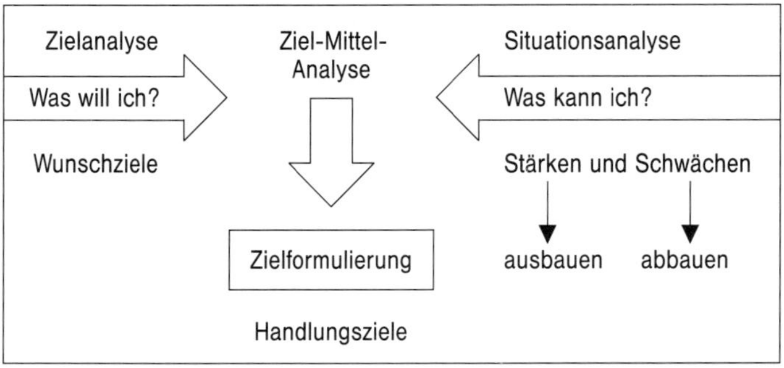

Abb. 6: Prozeß der Zielsetzung

2.4 Persönlicher Lebens- und Karriereplan

Berufliche und persönliche Ziele

Stellen Sie nun gemäß Abb. 7 einen **Lebens- und Karriereplan** auf, indem Sie Ihre verschiedenen beruflichen und persönlichen Ziele, die Sie noch erreichen möchten, fixieren, z. B. Geschäftsführer werden, sich als Unternehmensberater selbständig machen, ein Eigenheim errichten, eine Weltreise machen etc. Jedes Ziel hat jedoch nur dann einen Sinn, wenn

– Termin
– Ergebnis

- ein **Termin** oder Zeitpunkt festgelegt und
- die angestrebten **Ergebnisse** formuliert werden.

Planung

Dieser Plan (s. S. 21) ist die Grundlage für die weiteren Phasen des **Selbstmanagement**-Prozesses.

Nr.	Lebensziele, Wunschziele, Karriereziele, Berufsziele (konkret formulieren!)	Priorität	Wann? Termin Jahr	Handlungsziele (Teilziele, Maßnahmen, nächste Schritte)	Bis wann? Termin Monat	Kontrolle

Abb. 7: Lebens- und Karriereplan

2.5 Zielsetzung und Zielplanung im Unternehmen (Management by Objectives)

Führung durch Zielsetzung

– Leistungen

– Arbeitstechniken

– Engpaß

Ziele bzw. **Führung durch Zielsetzung** bedeutet, sein Tun und Handeln bewußt auf bestimmte Leitlinien und Orientierungen, z.B. Führungsgrundsätze, auszurichten. Gemeinsam vereinbarte bzw. für sich selbst formulierte Ziele und deren Bewertungskriterien schaffen einen Maßstab zur Beurteilung von **Leistungen,** an dem Arbeitseinsatz und -ergebnisse gemessen werden können. Erst durch Ziele werden auch **Arbeitstechniken** effektiv, weil die individuellen Kräfte auf den eigentlichen Schwerpunkt bzw. kybernetisch wirkungsvollsten Punkt (**Engpaß**, vgl. Friedrich/Seiwert 1995) konzentriert werden können.

Zielvereinbarungen

Prioritätensteuerung

Zielvereinbarungen zwischen Vorgesetzten und Mitarbeitern sind ein effizientes Führungsinstrument, aufgrund dessen die persönlichen Managementmethoden gesteuert und dennoch flexibel gehalten werden, denn die (Zeit-)Planung wird beschleunigt, die Entscheidungsfindung und Festlegung von **Prioritäten** systematisiert und Verantwortung delegiert sowie die Kontrolle operationalisiert.

MBO bei Hewlett-Packard

Die arbeitsmethodische Vorgehensweise bei der Festlegung von Zielen soll am Beispiel des **Management by Objectives (MbO)** bei **Hewlett-Packard** kurz dargestellt werden (Abb. 8).

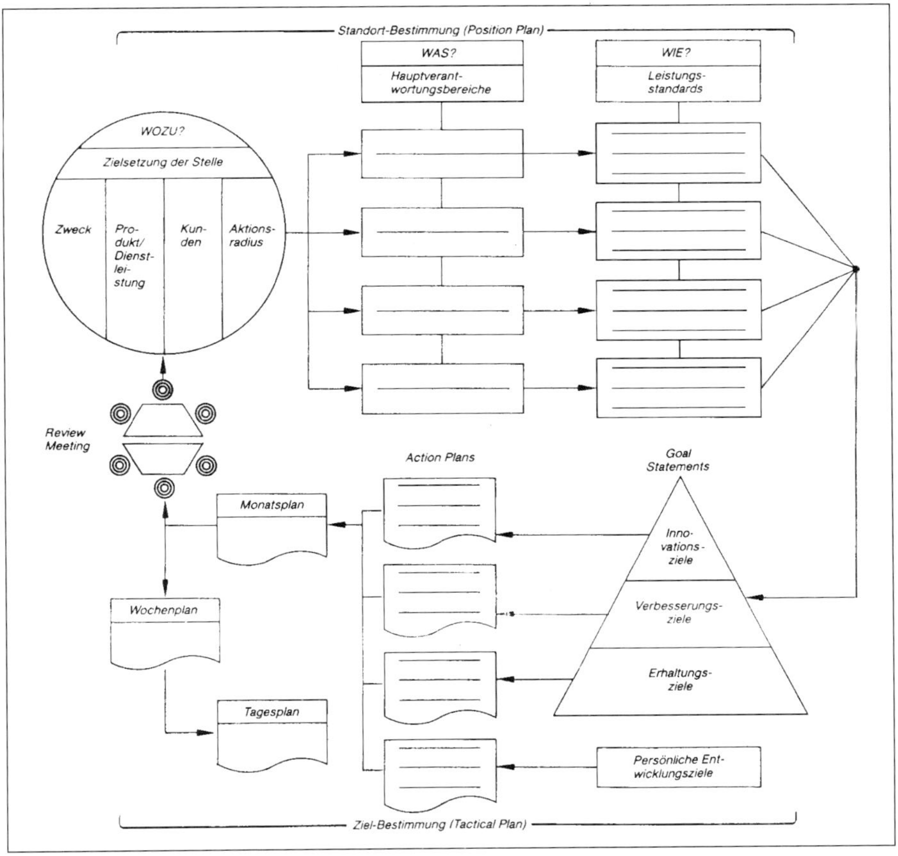

Abb. 8: Zielvereinbarungstechnik (MbO bei Hewlett-Packard)

Zielplanung

Der **Zielplanungsprozeß** umfaßt sechs Fragenbereiche, die vom Mitarbeiter erarbeitet und vom Vorgesetzten überprüft werden:

– Stellenziel

a) Standort-Bestimmung („Position Planning“)

(1) *Übergeordnete Zielsetzung* der Stelle (*„wozu?“*)

- **Zweck:** Wozu gibt es meine Stelle?
- **Produkt/Dienstleistung:** Was wird durch die gemeinsamen Aktivitäten meiner Mitarbeiter und mich geliefert oder bereitgestellt, was habe ich zu bieten?
- **Kunde:** Für wen arbeite ich (intern), wer ist mein Kunde (extern)?
- **Aktionsradius:** In welchen organisatorischen bzw. geographischen Bereichen bin ich tätig?

– Hauptaufgaben

(2) *Hauptverantwortungs-* *und Aufgaben**bereiche** der Stelle* ***(„was?“)***

- Welche laufenden Tätigkeiten sind notwendig, damit das übergeordnete Ziel der Stelle erreicht wird (Führungsaufgaben und ausführende, fachbezogene Aufgaben)?
- Welches sind die strategisch wichtigen Hauptverantwortungsbereiche meiner Stelle (Pareto-Prinzip)?

– Meßgrößen

(3) *Leistungsstandards* *für die einzelnen Hauptverantwortungsbereiche als Meßgrößen zur Zielerreichung* ***(„wie?“)***

- Unter welchen Bedingungen kann der jeweilige Hauptverantwortungsbereich vom Ergebnis her als gut eingestuft werden (Planvorgaben, Budgets, Kostenstandards, Umsätze, Rahmenbedingungen)?
- Wie kann der betreffende Bereich weiter in meßbare Ergebnisgrößen gegliedert werden (z.B. Leiterplatten-Produktion – Qualität – Ausschuß, Liefertreue, Reklamationen)?
- Wie können für die Ergebnisgrößen die konkreten, gewünschten Ergebnisse definiert werden (z.B. Ausschußquote < 5 %)?

b) Ziel-Bestimmung („Tactical Planning“)

– Zielsetzung

(4) *Zielsetzungen* *(„Goal Statements“) für das nächste Jahr*

- **Erhaltungsziele:** Was soll beibehalten, fortgeführt, verlängert werden?
- **Verbesserungsziele:** Was soll erhöht, reduziert, welche Probleme sollen gelöst werden?
- **Innovationsziele:** Was soll neu entwickelt, eingeführt, verändert werden?
- **Persönliche Entwicklungsziele:** Welche persönlichen Ziele will ich in bestimmten Bereichen erreichen?

Jede Führungskraft formuliert 5 oder 6 strategisch wichtige Ziele („key objectives“) für ihre Hauptverantwortungsbereiche (siehe oben, Punkt (2)), die sinnvoll, konkret meßbar und in der verfügbaren Zeit erreichbar sind und schriftlich festgehalten werden.

– Zielerreichung

(5) *Zielerreichungspläne* *(„Action Plans“)*

Welche konkreten Maßnahmen sind notwendig, um die einzelnen Ziele zu erreichen?

- Projektschritte
- Verantwortlichkeiten (Personen)
- Zwischen- und Endtermine
- Budget, Kosten
- Kontrolltermine

– Zielerfüllung

(6) *Zielerfüllungspläne* *(„Review Meeting“)*

- Durchsprache der Zielerfüllung zwischen Vorgesetzten und Mitarbeitern
- Lösung noch offen gebliebener Probleme
- Festlegung neuer Ziele („Next Year's Goal Statements“)

3. Planung

3.1 Notwendigkeit der Planung

Zeitplanung

Zeitplanung will die wirtschaftliche Nutzung des vielleicht kostbarsten Gutes **Zeit** sicherstellen, nämlich entweder

– Ertrag

- die zur Verfügung stehende Zeit für die ertrag- und erfolgreichsten Tätigkeiten einsetzen **(Maximalkriterium)** oder

– Aufwand

- die angestrebten und fixierten Ziele mit einem möglichst geringen Zeitaufwand erreichen **(Minimalkriterium).**

Zielerreichung

Zeitgewinn

Je besser wir unsere Zeit einteilen (= planen), desto besser können wir sie für unsere persönlichen und beruflichen Zielvorstellungen nutzen. **Planung** im Sinne des Selbstmanagement-Regelkreises (vgl. S. 14) bedeutet Vorbereitung zur **Verwirklichung von Zielen.** Der größte Vorteil, wenn Sie Ihre Arbeit planen: **Zeitplanung bedeutet Zeitgewinn.**

3.2 System der Zeitplanung

Langzeitziele
Teilziele

Im Rahmen der Gesamtplanung orientiert sich die Zeitplanung an den jeweiligen strategischen **Langzeitzielen,** die schrittweise in operative **Teilziele** aufgeteilt werden. Die Festlegung der Zeitspannen, die Ihre privaten und beruflichen Ziele beanspruchen, gibt Ihnen ein Gefühl und einen Überblick für die günstigste Rangfolge und **Zeiteinteilung.**

Zeiteinteilung

Zeiträume

Als **Planungszeiträume** haben sich hier (insbesondere im Geschäftsleben) bewährt:

- Langfristige Ziele:
  drei bis fünf Jahre (oder mehr) ➧ Mehrjahrespläne
- Mittelfristige Ziele:
  ein bis drei Jahre ➧ Jahrespläne
- Kurzfristige Ziele:
  drei Monate bis ein Jahr ➧ Quartalspläne
- Laufende Ziele:
  eine Woche bis drei Monate ➧ Monats- und Wochenpläne

Planungssystem

In Abb. 9 ist die **Zeitplanung** als geschlossenes System dargestellt, aus dem die Zusammenhänge zwischen den Einzelplanungen deutlich werden: Aus den langfristigen Plänen leiten sich entsprechend die mittel- und kurzfristigen Pläne für die laufende Periode ab, die sich schließlich in der Planung des **Tagesgeschäftes** konkretisieren. Nach Ablauf der entsprechenden Planungszeiträume werden durch **Soll-Ist-Vergleich** (Kontrolle) die Periodenergebnisse ermittelt und eventuell Plankorrekturen vorgenommen.

Tagesplan

Kontrolle

Formulare für einzelne Zeitpläne finden sich in den angebotenen **Zeitplanbüchern** (vgl. Roth/Seiwert/Wagner, Zeitmanagement-Methoden auf dem Prüfstand, 1994).

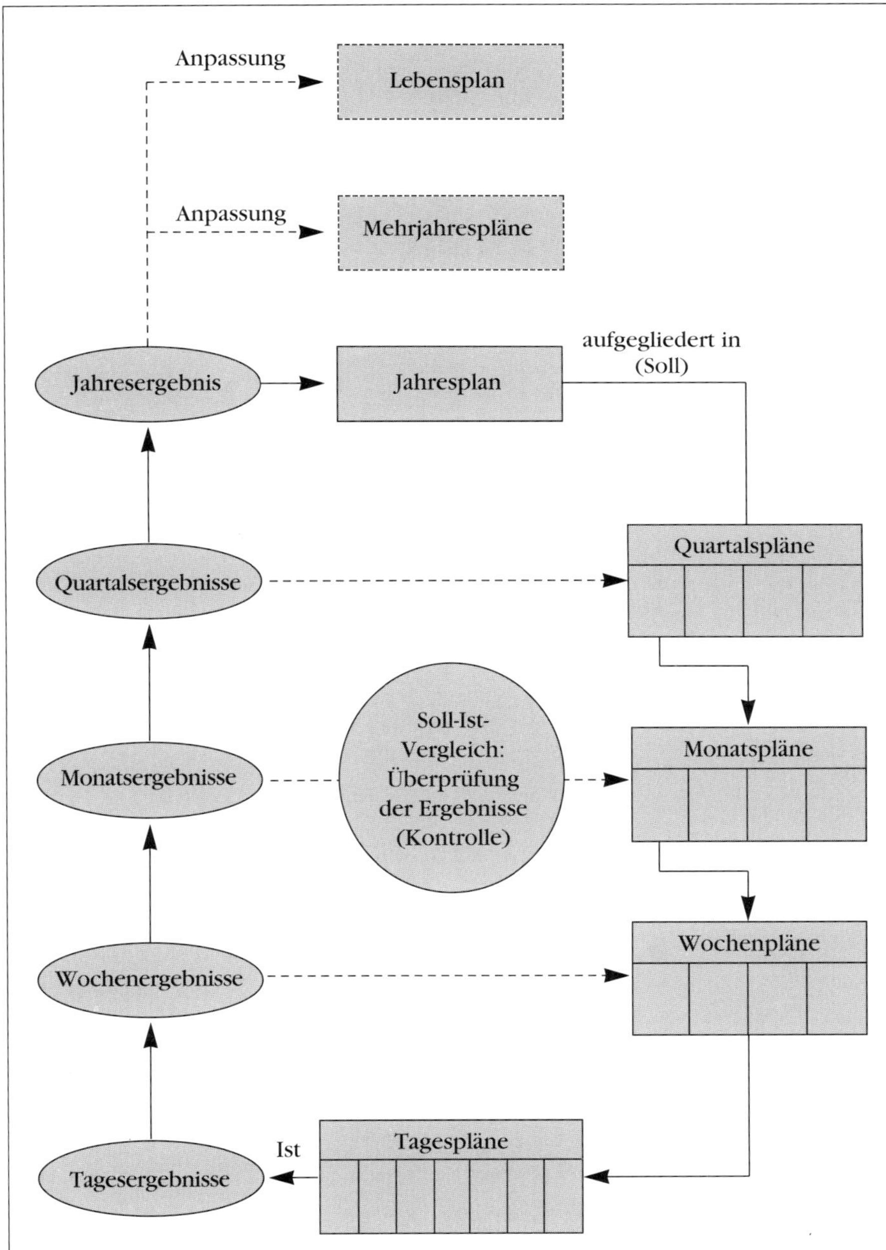

Abb. 9: System der Zeitplanung

3.3 Regeln und Prinzipien der Zeitplanung

Pufferzeiten

- Verplanen Sie nur einen bestimmten Teil Ihrer Arbeitszeit (erfahrungsgemäß 60 %). Halten Sie eine bestimmte **Pufferzeit** für unerwartete Besucher, Telefonate, aktuelle Probleme etc. frei.

Dokumentation

- Dokumentieren und prüfen Sie, wie und wofür Sie Ihre Zeit ver(sch)wenden.

Konsequenz

- Arbeiten Sie regelmäßig und systematisch an Ihren Zeitplänen.

Flexibilität

- Seien Sie flexibel, denn Zeitpläne sind nicht dazu da, um unbedingt eingehalten zu werden, sondern um Ziele zu verwirklichen.

Schriftlichkeit

- Planen Sie auf selbstentwickelten Formularen (Prinzip der Schriftlichkeit). So geht Ihnen nichts verloren, und Sie haben einen ständigen Überblick.

Übertrag

- Übertragen Sie alle unerledigten Aufgaben auf den nächsten Periodenplan. Diese werden damit automatisch in die neuen Planungsüberlegungen mit einbezogen.

Endzustand

- Legen Sie Resultate (Endzustände) fest und keine bloßen Tätigkeiten.

Endtermin

- Fixieren Sie Zeitvorgaben und Endtermine für Ihre Tätigkeiten (kein „Sofort“, „So-schnell-wie-möglich“ etc.), und vermeiden Sie Unentschlossenheiten, Verzögerungen und Aufschub.

Prioritäten

- Legen Sie Prioritäten fest, und planen Sie auch Delegationsmöglichkeiten mit ein (vgl. Abschnitt 4.6).

Kreativität

- Reservieren Sie einen bestimmten Teil Ihrer Zeit für planerische, vorbereitende und schöpferische Tätigkeiten sowie für Ihre Weiterbildung.

- Planen Sie auch die Erledigung Ihrer Routine- und Detailtätigkeiten, z.B. monatliche Abteilungsberichte.

Routine

- Sorgen Sie für Abwechslung in Ihren Aktivitäten, indem Sie Ausgleiche zwischen lang- und kurzfristigen Projekten, zwischen Einzelarbeit und Besprechungen etc. schaffen.

Abwechslung

3.4 Management mit Zeitplanbuch

Unerläßlich für eine erfolgreiche Zeitplanung ist ein **Zeitplanbuch**. Das Zeitplanbuch ist ein praktisches **Arbeitsringbuch** mit Loseblattsystem.

Arbeitsringbuch

Es ist Terminkalender, Tagebuch, Notizbuch, Planungsinstrument, Erinnerungshilfe, Adreß-Register, Nachschlagewerk, Ideenkartei und Kontrollwerkzeug zur gleichen Zeit. Kurz: eine wichtige Datenbank. Das Zeitplanbuch sollte Sie überallhin als schriftliches Gedächtnis begleiten.

Tragbares Büro

Datenbank

Das Mindeste, was jeder in Angriff nehmen sollte, sind

Jahresplan

- ein **grober Jahresplan** und

Tagespläne

- **tägliche Terminpläne,**

Arbeitsmittel: Zeitplanbuch

die sich schrittweise zu einem System mit Mehrperioden- oder Lebensplan ausbauen lassen. Alle Formulare für Planungszwecke und Termindispositionen lassen sich in einem **Zeitplanbuch** als tägliches Arbeitsmittel zusammenfassen.

Abb. 10: Ziel- und Zeitplanbuch (Quelle: Time/system)

Zeitplanbuch: mehr als ein Terminkalender

Ein Zeitplanbuch ist weit mehr als ein herkömmlicher Terminkalender, der eben nur Termine erfaßt und angibt, nicht aber das, was wirklich wichtig ist: **Zielsetzungen, Prioritäten** und **Zeitdauer** von **Aktivitäten.**

Aufbau

Ein **Zeitplanbuch** sollte eine übersichtliche Aufteilung besitzen in (vgl. Abb. 11):

– Kalender

- **Kalenderteil** für kurz-, mittel- und langfristige Planung,

- **Aufgabenteil** mit Register für unterschiedliche Sachgebiete, Aktivitäten-Übersichten, Projektpläne, Besprechungspläne, Notizen, Umsatz-Statistiken, Reisekosten etc.,

– Aufgaben

- **Informationsteil** mit allgemeinen Informationen sowie

– Informationen

- Adressen- und Telefon-**Register.**

– Register

Das **Zeitplanbuch** sollte so angelegt sein, daß es wie ein Büro im Kleinen funktioniert, das einen überall begleitet: zum Kunden, auf Reisen und nach Hause.

mobil

	Hauptabschnitte	Register	Formblätter
Aktivitäten	*I. Aufgaben: Planung/ Durchführung/Kontrolle* *Erfassen und Planen aller Termine, Aufgaben und Vorhaben (kurz-, mittel-, langfristig) sowie Durchführung und Kontrolle dieser Aktivitäten*	*Aktivitäten*	*Aktivitäten/Checkliste* *Besprechungsplan* *Projektplanung*
Übersicht		*Übersicht*	*Monatspläne* *Projektplan/Netzplan* *Projektplan/Netzplan Folgejahr* *Jahres-Übersicht* *Jahres-Übersicht Folgejahr* *Wochenplan/Feste Termine*
Tages-planung		*Tagesplanung*	*Tagespläne* *Terminzeichen*
Databank	*II. Persönliche Informationen, Datenbank* *Speichern von Notizen, Daten und Fakten für die wichtigsten Arbeitsbereiche*	*DataBank*	*DataBank/Inhaltsverzeichnis* *Memo/Ge-Verliehen* *Zahlungstermin/Übersicht* *Private Daten*
Info	*III. Allgemeine Informationen/Formblätter/ Telefon-/Adressen-Verzeichnis* *Schnelles Auffinden allgemeiner Informationen und benötigter Anschriften und Rufnummern (auf Reisen, beim Kundenbesuch, im Büro und zu Hause)*	*Info*	*Allg. Informationen* *Weltkarte* *Schulferien/Feiertage* *Messetermine* *Steuertermine/Übersicht*
Diverse		*Diverse*	*Notizen* *Berichte* *Liniertes Papier* *Kariertes Papier* *Umsatz-Diagramm* *Reisekosten-Abrechnung*
☎ ✉		☎ ✉	*Telefon/Adressen.Verz.* *Intern. Vorwahl-Kennzahlen* *Klarsichthülle*

Abb. 11: System-Aufbau eines Zeitplanbuches (in Anlehnung an Time/system)

4. Entscheidung

4.1 Notwendigkeit der Prioritätensetzung

Verzettelung

Eines der Hauptprobleme von Führungskräften ist der ständige Versuch, zuviel auf einmal zu tun, und die Gefahr, sich in einzelnen Aufgaben zu verzetteln. Am Ende eines harten Arbeitstages steht oft die Erkenntnis, daß man zwar viel gearbeitet hat, wichtige Dinge aber oft liegengeblieben oder nicht fertiggestellt worden sind. Erfolgreiche Manager zeichnen sich u. a. dadurch aus, daß sie sowohl viele Dinge als auch ganz verschiedene Tätigkeiten erledigen, indem sie sich während einer bestimmten Zeit nur einer einzigen Aufgabe widmen. Sie erledigen also immer **nur *eine* Sache** auf einmal, diese jedoch konsequent und zielbewußt. Voraussetzung dafür ist, eindeutige **Prioritäten** festzulegen und sich auch daran zu halten.

Konzentration
Prioritäten

Prioritätensetzung

Prioritätensetzung heißt, darüber zu entscheiden, welche Aufgaben erstrangig, zweitrangig etc. und welche nachrangig zu behandeln sind (vgl. „Prioritäten-Check", S. 65).

4.2 Vorteile der Prioritätensetzung

Rangreihe

Durch **Aufstellung einer Rangreihe** Ihrer Aufgaben stellen Sie sicher, daß Sie

- zunächst nur an wichtigen oder notwendigen Aufgaben arbeiten,
- die Aufgaben ihrer Dringlichkeit nach bearbeiten,
- die Aufgaben in der festgelegten Zeit konzentrierter erledigen,
- die gesetzten Ziele unter den gegebenen Umständen jeweils noch am besten erreichen,
- alle Aufgaben ausschalten und delegieren, die von anderen durchgeführt werden können,
- am Ende der Planungsperiode, z.B. eines Arbeitstages, zumindest die wichtigsten Dinge erledigt haben.

ABC-Analyse

Als Verfahren zur Prioritätensetzung hat sich die **ABC-Analyse** bewährt, die auf den italienischen Nationalökonomen Vilfredo Pareto zurückgeführt werden kann.

4.3 Das Pareto-Zeitprinzip (80 : 20-Regel)

Es besagt:

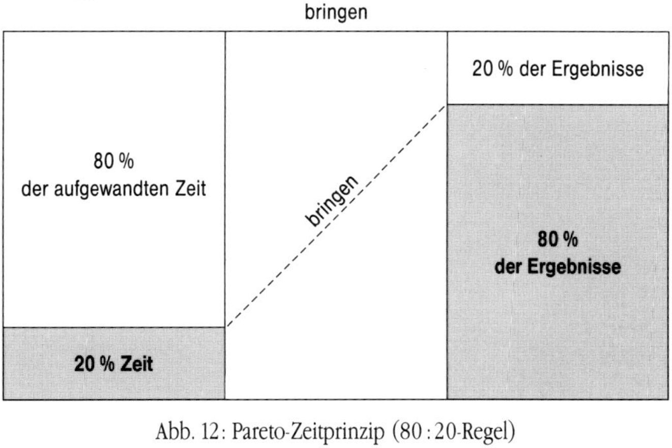

Abb. 12: Pareto-Zeitprinzip (80 : 20-Regel)

Praxisbeispiele

Andere Beispiele aus der betrieblichen Praxis bestätigen in vielen Fällen:

- 20 % der Kunden (oder Waren) bringen 80 % des Umsatzes,
  80 % der Kunden (oder Waren) bringen 20 % des Umsatzes,
- 20 % der Fehler verursachen 80 % des Ausschusses,
  80 % der Fehler verursachen 20 % des Ausschusses,
- 20 % der Aufwendungen entsprechen 80 % der Kosten,
  80 % der Aufwendungen entsprechen 20 % der Kosten.

Wichtigkeit

Für die tägliche Arbeit bedeutet dies, sich nicht zuerst den leichtesten, interessantesten oder den Arbeiten des geringsten Zeitaufwandes zuzuwenden, sondern nach deren Bedeutung (Wichtigkeit) vorzugehen.

4.4 Prioritätensetzung durch ABC-Analyse

ABC-Analyse

– A-Aufgaben

– B-Aufgaben

– C-Aufgaben

Eine **ABC-Analyse** empfiehlt sich, wenn man die wichtigsten, d.h. ertragreichsten Aufgaben zuerst in Angriff nehmen will (sog. **A-Aufgaben)**, um mit diesen wenigen Tätigkeiten bereits den größten Anteil am Erfolg zu erzielen. Die nächstwichtigen Vorhaben **(B-Aufgaben)** bringen noch einmal einen gewissen Ertragszuwachs, während mit der Erledigung der relativ vielen, aber weniger wichtigen Arbeiten **(C-Aufgaben)** nur noch ein kleiner Beitrag gewonnen wird.

Die Erfahrung hat gezeigt, daß die Prozentanteile für A-, B- und C-Aufgaben am Aufgabenvolumen (zeitlicher Aufwand) und am Ertrag oder Wert der gesamten Aufgaben im allgemeinen konstant sind (vgl. Abb. 13).

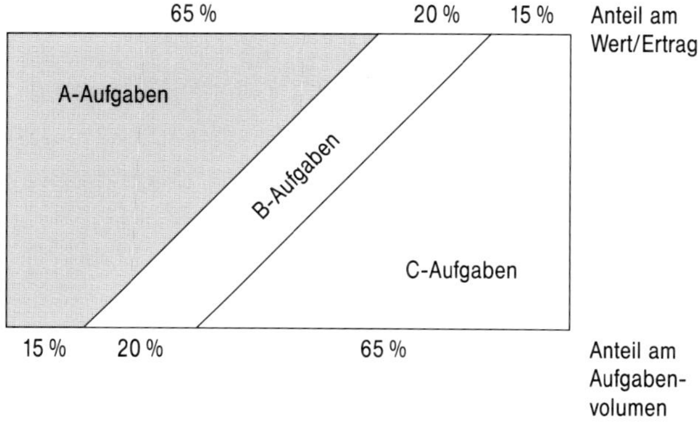

Abb. 13: ABC-Analyse

Entscheidungskriterien für A-Aufgaben (Hilfsfragen)

Bei der Prioritätensetzung im Rahmen der Aufgabenplanung und Festlegung der A-Aufgaben können folgende Fragen den Entscheidungsprozeß erleichtern:

Prioritäten-Entscheidungen

- Durch die Erfüllung welcher Aufgaben komme ich meinem Jahres-, Monats-, Wochen- oder Tagesziel am nächsten? – **Zielerreichung**
- Kann ich durch die Erfüllung einer einzelnen Aufgabe gleich mehrere andere erledigen? – **Aufgabenblöcke**
- Durch die Erfüllung welcher Aufgabe kann ich einen maximalen Beitrag zur Erreichung der Gesamtziele der Organisation, Abteilung, Arbeitsgruppe etc. leisten? – **Gesamtziele**
- Durch die Erfüllung welcher Aufgabe habe ich den größten Nutzen, werde ich am meisten belohnt, erhalte ich die höchste Anerkennung? – **Nutzen**
- Bei welcher Aufgabe habe ich im Falle der Nichterfüllung mit den negativsten Folgen (Tadel, Störungen etc.) zu rechnen? – **Folgewirkungen**

4.5 Prioritätensetzung nach dem Eisenhower-Prinzip

Praktisches Hilfsmittel

Diese auf den US-General D. Eisenhower zurückgehende einfache Regel ist ein praktisches Hilfsmittel, insbesondere wenn entschieden werden muß, welchen Aufgaben der Vorrang einzuräumen ist. Prioritätensetzung erfolgt nach den Kriterien:

- **Dringlichkeit** der Aufgabe und
- **Wichtigkeit** der Aufgabe.

4 Möglichkeiten

Je nach hoher und niedriger Dringlichkeit bzw. Wichtigkeit einer Aufgabe lassen sich gemäß Abb. 14 vier Möglichkeiten zur Behandlung von Aufgaben unterscheiden.

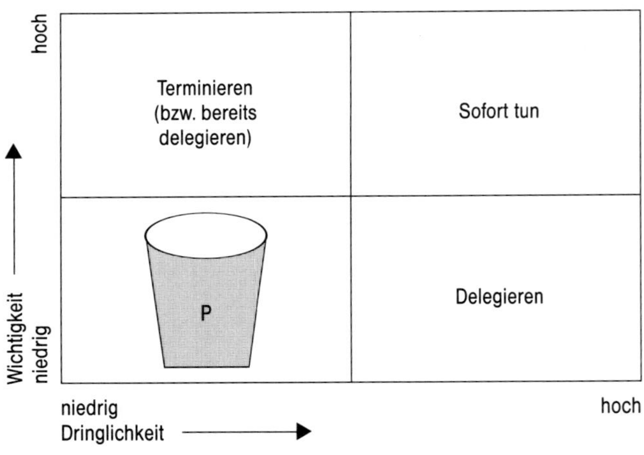

Abb. 14: Eisenhower-Prinzip

Umsetzung:

Für die praktische **Anwendung** bedeutet das:

- Terminieren

- Aufgaben von hoher Wichtigkeit, die aber noch nicht dringlich sind, sollten **terminiert** bzw. kontrolliert werden.

- Delegieren

- Aufgaben, die keine hohe Wichtigkeit haben, aber dringend sind, können **delegiert** werden.

- Aufgaben, die sowohl dringend als auch wichtig sind, muß man sich selbst widmen und **sofort** in Angriff nehmen.

- Sofort tun

- Von Aufgaben, die sowohl von geringer Dringlichkeit als auch geringer Wichtigkeit sind, muß Abstand genommen werden (**Papierkorb** oder Ablage).

- Papierkorb

Bedeutung der Prioritätensetzung für das Selbstmanagement:

Prioritätensetzung bedeutet, sich bei seiner Arbeit vorrangig (oder möglichst ausschließlich) auf erstrangige, wichtige und dringliche Aufgaben zu konzentrieren.

Wichtiges zuerst

4.6 Selbstentlastung durch Delegation

Bei der Auflistung Ihrer Tätigkeiten und Durchführung der ABC-Analyse werden Sie eine Reihe von B- und vor allem C-Aufgaben entdecken, die Sie delegieren können oder müssen. Delegation bedeutet immer **Selbstentlastung** und **Zeitgewinn** für die eigentlich wichtigen Aufgaben, z.B. Wahrnehmung der Führungsfunktionen. Gleichzeitig wirkt eine sinnvolle Delegation auch positiv auf die Leistung und Arbeitszufriedenheit der Mitarbeiter, ist also für Chef und Mitarbeiter von Vorteil.

Delegation
- Selbstentlastung
- Zeitgewinn
- Zufriedenheit

Entscheiden Sie daher bei jeder Aufgabe von neuem:

Delegieren statt selbst erledigen

Muß ich diese Tätigkeit unbedingt selbst ausführen, oder kann sie nicht ebenso gut (oder noch besser) von einem Mitarbeiter (oder einer anderen Stelle) erledigt werden?

Delegation und Führung

Delegation ist eines der wichtigsten Selbstmanagement- und Führungsinstrumente, wird jedoch nach wie vor viel zu wenig eingesetzt! In Abb. 15 seien darum die wichtigsten Punkte für eine sinnvolle Delegation zusammengestellt (vgl. auch „Delegations-Check", S. 66).

Schnell-Check

- **Was** soll getan werden?
- **Wer** soll es tun?
- **Warum** soll er/sie es tun?
- **Wie** soll er/sie es tun?
- **Wann** soll er/sie es erledigt haben?

Abb. 15: Schnellanalyse „Delegation"

Kontrolle und Überwachung der delegierten Aufgaben:

Kontroll-Liste

Legen Sie sich stets eine Liste an, um den Überblick über delegierte Aufgaben, Befugnisse, Zwischentermine etc. zu behalten.

5. Realisation (Tagesgestaltung)

5.1 Verlauf eines typischen Arbeitstages

Es ist fast jeden Tag das gleiche Problem: Wenn man morgens seinen Arbeitstag beginnt, hat man sich das beste, meist sogar ein bestimmtes Programm vorgenommen. Doch dann kommt schon die erste Post, und bald darauf wird man mit zahlreichen Problemen, sei es persönlich, telefonisch oder schriftlich, konfrontiert, die es zu bearbeiten gilt. Und so geht es den ganzen Tag über weiter. Abends verläßt man dann sein Büro mit dem Gefühl, wieder einmal eine ganze Menge geschafft zu haben, oftmals jedoch ohne genaue Kenntnis darüber, was man nun eigentlich „Wichtiges" erreicht hat. So verlaufen viele typische Arbeitstage.

Start

Ablenkungen

Verlauf

Ergebnis

Das muß jedoch nicht sein. Erfahrungsgemäß lassen sich verschiedene Unterbrechungen und Ablenkungen nie vollkommen ausschalten, bestimmte Arten von Störungen jedoch vorhersehen und einplanen. Sie können bereits eine ganze Reihe von Tätigkeiten und Leerläufen vermeiden, indem Sie die anfallenden Tagesarbeiten in eine bestimmte Reihenfolge bringen.

5.2 Regeln zur Tagesgestaltung

Viele Manager lesen ihre Post nicht als erstes, sondern erst, wenn sie eine Reihe von wichtigen Dingen (A-Aufgaben) erledigt haben. Selten nämlich enthält die eingehende Tagespost Dinge, die von höchster Priorität sind und **sofort** erledigt werden müssen.

Beginn mit A-Aufgaben

Fangen Sie daher mit der wichtigsten Tagesaufgabe (höchste Priorität) vor der Zeitungslektüre, vor der Post und möglichst auch vor Arbeitsbeginn Ihrer Kollegen und Mitarbeiter an!

Wenn Sie die ***Schwerpunktaufgabe*** **des Tages** erledigt haben, wenden Sie sich der zweitwichtigsten Aufgabe zu usw. Bald werden Sie ohnehin vom laufenden Tagesgeschäft und verschiedenen Störungen so in Anspruch genommen werden, daß

Tages-Schwerpunkte

Sie sich kaum noch ausschließlich Ihren wichtigen Aufgaben widmen können. Wenn Sie jedoch mit den wichtigsten Tagesaufgaben am Morgen beginnen und daran konsequent festhalten, stellen Sie sicher, daß Sie am Ende des Tages zumindest die allerwichtigsten Dinge erledigt oder in Angriff genommen haben.

Konsequenz

In diesem Zusammenhang hat es sich bewährt, eine **„Stille Stunde"** oder **„Sperrstunde"** einzurichten, in der Sie von niemandem gestört werden wollen. Sie haben ja einen sehr wichtigen Termin, den vielleicht wichtigsten überhaupt. Einen Termin mit sich selbst! Ein solcher Zeitraum der ununterbrochenen Konzentration wird Ihre Leistungsfähigkeit erheblich verbessern.

Störfreie Zeiten

Termin mit sich selbst

Die folgenden **Regeln und Prinzipien** sollen einige Anregungen geben, den Tag erfolgreich zu gestalten:

Regeln zur Tagesgestaltung

– Tagesbeginn

Morgens

- Gutes Frühstück
- Mit guter Laune in den Tag

- Pünktlicher Arbeitsbeginn
- Zeitplan abstimmen (ausreichende Zeitbudgets!)
- Mit Sekretärin oder Assistent/in Termine und Prioritäten festlegen
- Komplizierte und wichtige Dinge am Morgen (A-Aufgaben)

Während des Tages

– Tagesverlauf

- Schützen Sie Ihre Zeit
- Vermeidung von Handlungen mit Rückwirkungen
- Gute Arbeitsvorbereitung
- Probleme direkt angehen
- Ausrichtung und Beachtung von Fixterminen
- Mehrfach täglich den Plan kontrollieren
- Schöpferische Pausen und Entspannungspausen machen

- Wichtige Dinge in das Zentrum stellen (siehe auch Tagesleistungskurve, Abb. 18, S. 46)
- Vermeidung von ungeplanten, impulsiven Aktivitäten
- Angefangene Dinge sinnvoll abschließen
- Angemessenes Arbeitstempo
- Jedem Tag seinen Höhepunkt geben
- Kleine Aufgaben als Serienproduktion
- „Stille Stunde" einplanen (Sperrzeiten einrichten)
- Nachmittags vor allem Routinearbeiten erledigen

5.3 Tagesplan und Zeitplanbuch

Schriftlichkeit

Stellen Sie für jeden Tag einen Plan auf (Prinzip der **Schriftlichkeit**)!

Zeitplanbuch

Benutzen Sie dabei ein **Zeitplanbuch** oder ein Formular, wie es in Abb. 16 angeboten wird. Beziehen Sie bei Ihren Tagesplänen auch Ihre Wochen-, Monats- und Jahrespläne ein, und entwickeln Sie sich Ihr eigenes Zeitplanungs-System.

Zeitplanung

Grundregel der Zeitplanung

Sie können nicht Ihre gesamte Zeit verplanen.

Als Erfahrungsregel gilt:

- ca. 60 % für geplante Aktivitäten,
- ca. 20 % für unerwartete Aktivitäten (Pufferzeit),
- ca. 20 % für spontane Aktivitäten.

Tagesplan

Datum / 19

⌚		Termine	OK
08			
09			
10			
11			
12			
13			
14			
15			
16			
17			
18			
19			
20			
21			
22			

✉	☎	Kontakte	OK

Prio-rität	Zeit-bed.	Aufgaben	

Statistik

Privat

Tagesziel

Abb. 16: Tagesplan

Tagesplanung

Fragen zur Tagesplanung

- Welche **neuen Tagesaufgaben** sind zu erledigen (evtl. Unerledigtes vom Vortag)?
- Welche Aufgaben aus dem **Wochenplan** sind zu berücksichtigen?
- Welche **Routineaufgaben** (periodische Aufgaben) sind zu berücksichtigen?
- Welche **Reserven** (Puffer) habe ich noch für unvorhergesehene Aktivitäten?
- Wie groß ist der **Zeitbedarf** für die geplanten Arbeiten?
- Welche **Prioritäten** muß ich setzen?

Tagesstörkurve

Tagesstörkurve

Berücksichtigen Sie bei der Tagesgestaltung die störarmen und störanfälligen Zeiten (vgl. Abb. 17). Arbeiten Sie antizyklisch, indem Sie z.B. Ihre Mittagspause verlegen, morgens früher kommen und abends eher gehen.

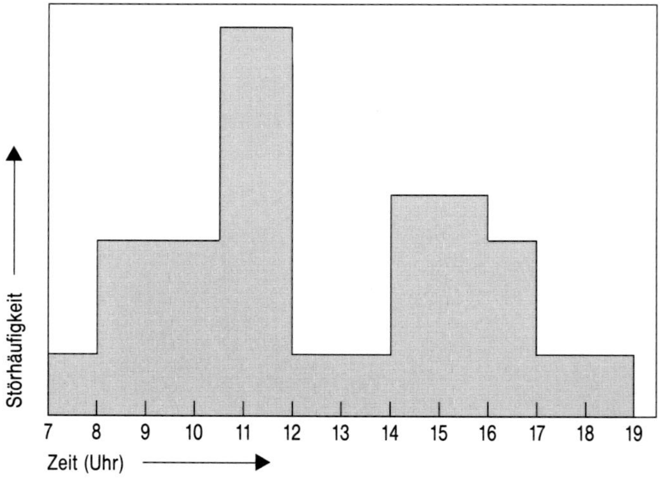

Abb. 17: Tagestörkurve

5.4 Leistungskurve und Biorhythmus

Jeder Mensch ist in seiner **Leistungsfähigkeit** periodischen Schwankungen unterworfen, die sich im voraus absehen lassen.

Leistungs-schwankungen

Die **tägliche Leistungsfähigkeit** veranschaulicht die nachfolgende **REFA-Normkurve** (Abb. 18). Dieser Rhythmus wird von dem Zyklus der Körperorgane (Leber, Milz, Lunge, Herz etc.) beeinflußt, die zu bestimmten Tageszeiten jeweils ihre höchste bzw. niedrigste Leistungsfähigkeit haben. Finden Sie heraus, inwieweit Ihr eigener **Tagesrhythmus** dieser Normalkurve entspricht, und planen Sie Ihren Arbeitstag auch entsprechend seinen leistungsstarken und leistungsschwachen Stunden!

Körperzyklus

Tagesplan

Notieren Sie, zu welchen Zeiten Sie

Selbst-beobachtung

- sich am wohlsten fühlen,
- zu ermüden beginnen,
- geistig besonders fit sind,
- bei bestimmten Tätigkeiten besondere Schwierigkeiten haben.

Auch über längere Perioden hinweg können Sie Ihre verschiedenen Rhythmen im voraus berechnen. Die Lehre vom Biorhythmus unterscheidet hier drei Bereiche:

Biorhythmus

- **Körperrhythmus** (Dauer = 23 Tage) beeinflußt alle körperlichen und vom eigenen Willen angetriebenen Kräfte.

– Körper

- **Seelischer Rhythmus** (Dauer = 28 Tage) beeinflußt die Gefühle, Stimmungen und schöpferischen Kräfte.

– Seele

- **Geistesrhythmus** (Dauer = 33 Tage) beeinflußt alle geistigen Fähigkeiten, z. B. Konzentration und Geistesgegenwart.

– Geist

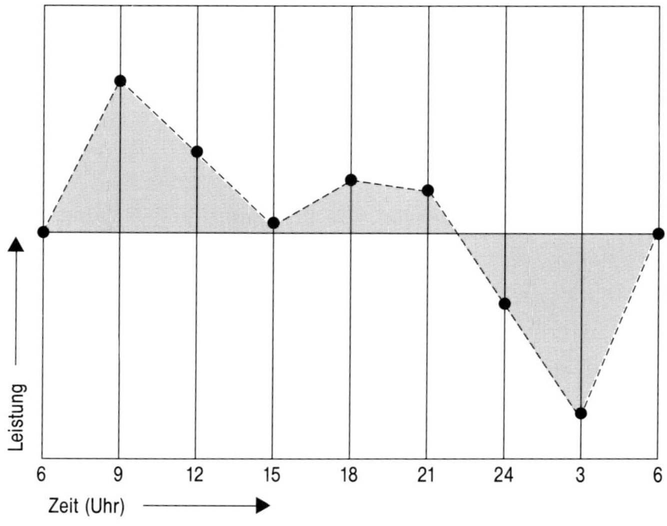

Abb. 18: Tagesleistungskurve

5.5 Persönlicher Arbeitsstil

Eigene Arbeitsmethodik

Entwickeln Sie Ihren persönlichen Arbeitsstil und Ihre eigene Arbeitsmethodik. Dazu einige Anregungen:

- Organisieren Sie sich unter Berücksichtigung Ihrer individuellen Leistungs- und der allgemeinen Störkurve. **Selbst-organisation**

- Nehmen Sie einen Vorgang nur einmal in die Hand, und legen Sie ihn erst dann wieder weg, wenn Sie irgendeine Aktivität eingeleitet haben. **Soforterledigung**

- Konzentrieren Sie sich auf einen Vorgang, und schließen Sie eine Arbeit ab, bevor Sie eine neue beginnen. **Konsequenz**

- Fangen Sie mit wichtigen (und angenehmen) Dingen an, und erledigen Sie nur echte „Sofort-Dinge" (Eisenhower-Prinzip) sofort. **Selbstdisziplin**

- Bereiten Sie alle Kommunikationsvorgänge (Besucher, Telefonate, Besprechungen) vor. **Vorbereitung**

- Planen Sie am Abend den nächsten Tag. **Vorplanung**

- Suchen Sie ständig nach neuen, besseren Möglichkeiten nach dem Motto von ILES' LAW: *„There is always an easier way to do it."* **Vereinfachung**

- Fertigen Sie sich eine **Entlastungskarte** an, die Sie (nur für Sie) sichtbar auf Ihrem Schreibtisch plazieren, und stellen Sie grundsätzlich alles wie folgt in Frage (Abb. 19): **Selbstentlastung**

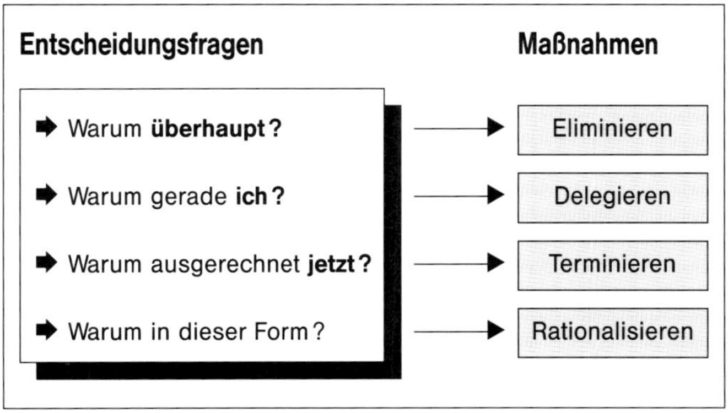

Abb. 19: Wege zur Arbeitsentlastung

6. Kontrolle

6.1 Funktionen der Kontrolle

Erfolgs-kontrollen

Ergebniskontrollen dienen der Verbesserung, im Idealfall der Optimierung des Arbeits- bzw. Selbstmanagement-Prozesses **(Soll-Ist-Vergleich).** Sie machen deutlich, ob die angestrebten Leistungsziele erreicht wurden. Kontrollen vermögen die Arbeitsmotivation zu steigern **(Erfolgserlebnis)** und Impulse für neue Fragestellungen und Probleme zu geben.

Zeitkontrollen

Kontrollieren Sie regelmäßig die Realisierung Ihrer Zeitpläne! Aus mangelhaften Abläufen und Fehlern (= neue Erfahrungen) können Sie nur lernen.

Regelkreis

Kontrolle umfaßt entsprechend dem Selbstmanagement-Regelkreis (S. 14) drei Aufgaben:

- Erfassen des Ist-Zustandes (Was wurde bis zum Kontroll-Zeitpunkt erreicht?),
- Soll-Ist-Vergleich (Inwieweit wurde das angestrebte Ziel tatsächlich erreicht?),
- Einleiten korrektiver Maßnahmen bei festgestellten Abweichungen.

6.2 Zeitplan- und Erledigungskontrolle (Zielkontrolle)

Plankontrollen

Kontrollieren Sie regelmäßig Ihre Jahres-, Monats-, Wochen- und Tagespläne:

- Was konnte von den vorgenommenen Aufgaben/Zielen erledigt werden? — **Ziele**
- Welche Ergebnisse wurden erzielt? — **Ergebnisse**
- Was blieb unerledigt und warum? (Gründe, z.B. Störungen, festhalten) — **Unerledigtes**
- Wo wurde Zeit verschwendet? (Gründe hierfür feststellen) — **Zeiteffizienz**
- Was ergibt sich daraus für die Vorplanung der nächsten Periode? (Tag, Woche, Monat) — **Vorplanung**

Methodikkontrolle

Verhaltensmuster

Führen Sie immer wieder in regelmäßigen Abständen ein Tagesstörblatt sowie eine Tätigkeits- und Zeitanalyse durch, um Ihre persönliche Arbeitsmethodik zu überprüfen und zu verbessern (vgl. Abb. 1, S. 11). Die hierbei gewonnenen Erkenntnisse helfen Ihnen, unnötigen Zeitfressern, so z.B. liebgewordenen Gewohnheiten (langatmige Telefongespräche, unnütze Berichte), unnötigen oder zu langen Besprechungen, unangenehmen Unterbrechungen, zu vielen Prestigetätigkeiten, falschen Prioritäten, mangelnder Delegation etc., auf die Spur zu kommen und Gegenmaßnahmen zu ergreifen.

6.3 Tagesbewertung

Benotung

Wenn Sie wollen, können Sie abschließend jeden einzelnen Tag als Ganzes oder in Teilabschnitten mit einer Note bewerten und in Ihrem Zeitplanbuch festhalten:

1 = ein besonderer Glückstag,

2 = ein Glückstag,

3 = ein zufriedenstellender Tag (mittel),

4 = ein Pechtag (Verstimmung, Mißerfolg, Ärger, Sorge).

Erfolgsmotivation

Positivstimmung

So betonen Sie die Qualität und den Wert, den dieser Tag für Ihr Leben hatte **(positive Lebensführung)**. Dies hat entsprechend Wirkungen auf Ihre Erfolgstätigkeit: Bei Ärger und Mißstimmungen werden Sie durch die Benotung am Ende des Tages dazu angehalten, sich auch die besonderen Erfolge zu vergegenwärtigen und gegen die Mißerfolge abzuwägen. Im Ergebnis wird die Bilanz dann positiver aussehen, und Ihre Stimmung, insbesondere die, welche Sie über Nacht in den nächsten Tag nehmen, wird eine andere sein.

7. Information und Kommunikation

7.1 Bedeutung der Kommunikation

Basisfunktion: Kommunikation

Mittelpunkt des Selbstmanagement-Regelkreises (S. 14) ist der Bereich der **Information und Kommunikation,** um den sich die anderen Funktionen ständig „drehen“: Kommunikation, also der Austausch von Informationen zwischen den beteiligten Personen, ist notwendig, um die Verbindung zwischen den anderen Managementfunktionen zu ermöglichen. Information und Kommunikation sind die Schlüsselfunktionen jedes Führungs- und (Selbst-)Managementprozesses.

7.2 Zielwirksame Besprechungen

Zeitverluste in Besprechungen

Es gibt kaum eine andere Managertätigkeit, bei der so viel Zeit von so vielen Leuten gleichzeitig verschwendet wird wie bei Besprechungen. Die nachfolgenden Regeln enthalten verschiedene Vorschläge, um die Zeitverschwendung in Sitzungen zu begrenzen (in Anlehnung an Mackenzie, 1991, sowie Seifert, 1994; vgl. auch „Meetings-Checkliste“, S. 67):

Vorbereitung

Vor der Besprechung

- Überlegen Sie Alternativen zur Einberufung einer Besprechung.
- Bereiten Sie die Besprechung inhaltlich vor, und legen Sie das Ziel fest.
- Geben Sie die Tagesordnung vorher bekannt und, soweit möglich, vorzubereitendes Material.
- Halten Sie die Teilnehmerzahl so gering wie möglich.
- Legen Sie für die Besprechung möglichst für jeden Punkt eine zeitliche Begrenzung fest.
- Wählen Sie einen geeigneten Zeitpunkt und Ort.

Durchführung

Während der Besprechung

- Fangen Sie pünktlich an.
- Betrauen Sie einen Teilnehmer mit der Verantwortung für Zeiteinhaltung und Protokollführung.
- Halten Sie bei Eignung des Themas einen Stehkonvent ab.
- Richten Sie sich nach der Tagesordnung, und halten Sie Unterbrechungen unter Kontrolle.
- Versuchen Sie, das gesteckte Ziel der Besprechung tatsächlich zu erreichen.
- Wiederholen Sie Entscheidungen und Aufträge, um die Zustimmung der Teilnehmer sicherzustellen und um Mißverständnisse auszuschließen.
- Hören Sie pünktlich auf.

Nachbereitung

Nach der Besprechung

- Fertigen Sie ein Kurzprotokoll an.
- Überwachen Sie die Erledigung bzw. den Fortschritt der gegebenen Aufträge (Termine).

Kurzprotokoll

Ein solches **Kurzprotokoll** kann, wie in Abb. 20 dargestellt aussehen, bereits während der Sitzung erstellt, am Ende fotokopiert und an alle Teilnehmer verteilt werden.

Besprechungsplan/ Checkliste

Datum: Uhrzeit:
Ort:

Thema:	Zielsetzung:
Teilnehmer:	Benötigte Unterlagen:

Nr.	Besprechungspunkte:	Beschlüsse/Ergebnisse/Massnahmen:	OK
	Sofort zu veranlassen:		

TS-form 12754 / © Copyright Time/system International a/s. 1981, 90 . All rights reserved. 1107

Abb. 20: Besprechungs-Kurzprotokoll

7.3 Effektives Besuchermanagement

Weniger Besucher

Für den Umgang mit Besuchern empfiehlt **Mackenzie** (1991) folgende Schritte:

- Übertragen Sie Ihrer Sekretärin die Verantwortung für Ihre Termine.
- Setzen Sie Empfangszeiten fest, und lassen Sie nach den Gründen für Besuchstermine fragen.
- Lassen Sie sich gegenüber Besuchern abschirmen, z. B. durch ein geschlossenes Büro.

- Gehen Sie in die Büros Ihrer Mitarbeiter, und stehen Sie für Fragen zur Verfügung.
- Halten Sie Stehkonvente ab, z. B. im Vorzimmer, und bestimmen Sie dann die Priorität des Besuches.
- Lassen Sie Ihre Sekretärin die Besuche überwachen.
- Begrenzen Sie die Zeit des Besuches.
- Schalten Sie Unterbrechungen aus.
- Halten Sie regelmäßig (Kurz-)Besprechungen ab, in denen Sie Arbeits- und Verwaltungsprobleme klären.

Keine offene Tür

Und vor allem: Machen Sie Schluß mit dem Mythos von der offenen Tür!

7.4 Kürzeres Telefonieren

Telefon: Fasse dich kurz

Das **Telefon** ist das am meisten benutzte Kommunikationsmittel, aber auch häufigste **Störquelle** und **Zeitfresser** im Geschäftsleben. Man kann weder mit dem Telefon noch ohne das Telefon leben. Lernen Sie, Ihr Telefon zu beherrschen, nicht umgekehrt:

Besseres Telefon-Management

- Wählen Sie den richtigen Zeitpunkt.
- Sammeln Sie für „Serienproduktion" (z.B. Telefon-Arbeitsblock).
- Bereiten Sie sich vor, und notieren Sie sich Stichpunkte.
- Straffen Sie die Kontaktphase (keine „Wetterberichte" austauschen).
- Sagen Sie Ihrem Gesprächspartner zuerst, worum es Ihnen geht, und erläutern Sie erst danach die Einzelheiten.
- Lassen Sie Ihren Gesprächspartner ausreden.
- Bringen Sie den Mut auf, ein Gespräch abzubrechen, sobald das Gesprächsziel erreicht ist.
- Notieren Sie sich am Ende Ergebnis und wichtige Stichpunkte.

Kontrollfragen

Prüfen Sie vor jedem Anruf, den Sie tätigen, folgende vier Fragen (vgl. „Telefon-Checkliste", S. 68):

- Besteht ein eindeutiger Bedarf an persönlichem Kontakt?
- Ist es unbedingt notwendig, die Antwort zu kennen, um sich zu verständigen?
- Trifft man den Gesprächspartner demnächst?
- Geht es alternativ auch mit einem „Quick-Fax"?

Fax statt Fon

Überlegungen, die **nicht** zum Telefonieren führen, sind wertvoller, als ohne Ziel oder Ergebnis zu telefonieren.

7.5 Rationelle Korrespondenz

Post minimieren

Die Bearbeitung der **Post** nimmt bei Managern oft täglich mehr als eine Stunde in Anspruch. Gewöhnen Sie sich an eine **kurze** und schnelle Beantwortung. Vermeiden Sie unnötigen Papierkrieg, und verfallen Sie nicht der Aktennotizmanie.

- Sammeln Sie für „Serienproduktion" (Sammelmappe „Korrespondenz"; vgl. „Posteingangs-Checkliste", S. 69).
- Bereiten Sie sich vor, und notieren Sie sich Stichworte.
- Korrespondieren Sie möglichst handschriftlich (Hausbriefe, Kurzbriefe, Faxformulare etc.).
- Verwenden Sie Textverarbeitung (oder Musterbriefe), soweit es möglich bzw. sinnvoll ist.
- Benutzen Sie Originale für die Antwort, indem Sie diese mit Ihrer Notiz versehen und sofort retournieren (Kopie für Ablage).
- Verwenden Sie Formbriefe und Unterlagen-Begleitzettel (Musterbriefe, Mini-Info zum Ankreuzen etc.).
- Diktieren Sie einfache Briefe auf Band (Diktiergerät).
- Delegieren Sie mehr, geben Sie nur Stichworte vor.
- Organisieren Sie Ihr Ablagesystem klar und übersichtlich.

Fragen Sie sich vor jedem Schreiben:

Selbstkontrolle

Was passiert, wenn ich diesen Brief **nicht** schreibe oder beantworte, diese Aktennotiz **nicht** verfasse oder dieses Rundschreiben **nicht** in Umlauf setze?

Wenn nicht so – wie denn?

Die beste Rationalisierung Ihrer Korrespondenz ist, wenn Sie diese Fragen mit „so gut wie nichts" o. ä. beantworten und entsprechend handeln!

8. Umsetzung in die Praxis (Transfer)

Bessere Arbeitsmethodik – mehr Erfolg

Viele streßgeplagte Manager klagen über Zeitnot und Arbeitsüberlastung. Nicht nur Überarbeitung, sondern vor allem mangelnde Zeitplanung und Arbeitsmethodik zwingen Führungskräfte oft mehr als 48 Stunden in der Woche an den Schreibtisch. Die permanente Überlastung ergibt sich meist durch Überschneidung vielfältiger Aufgaben. Oft müssen viele Dinge gleichzeitig erledigt werden. Die Folge: Ziele und Prioritäten werden falsch gesetzt, weniger wichtige Aufgaben nicht delegiert und das Management selbst in seinem Vorgehen zu sehr durch das Tagesgeschehen bestimmt und durch Nebensächlichkeiten abgelenkt.

Selbstmanagement im Team

Der Schlüssel zur Lösung dieses Problems liegt in einer konsequenten, persönlichen Arbeitstechnik, mit deren Hilfe die Führungskraft ihre vielfältigen Tätigkeiten und Ablenkungen so in den Griff bekommt, daß sie „Mehr Zeit für das Wesentliche" (Seiwert 1994) hat. Entscheidend beim Einsatz von Arbeitsmethodik ist, daß solche Methoden nicht auf Insellösungen bei Individuen oder Gruppen beschränkt bleiben, sondern von Management oder Organisation gleichermaßen getragen werden, möglichst als gemeinsam vereinbarte Prinzipien der Arbeitsplanung und Spielregeln der Zusammenarbeit.

Arbeits- und Führungs-effizienz

Rationelle Arbeitstechniken erhöhen die Effizienz und Leistungswirksamkeit der Führungskraft (Abb. 21). Nur wer sich selbst führt (Selbstmanagement), kann auch andere bzw. das Unternehmen führen. Eine gute Arbeitstechnik ist somit ein strategischer Erfolgsfaktor für eine gute **Managementeffizienz.**

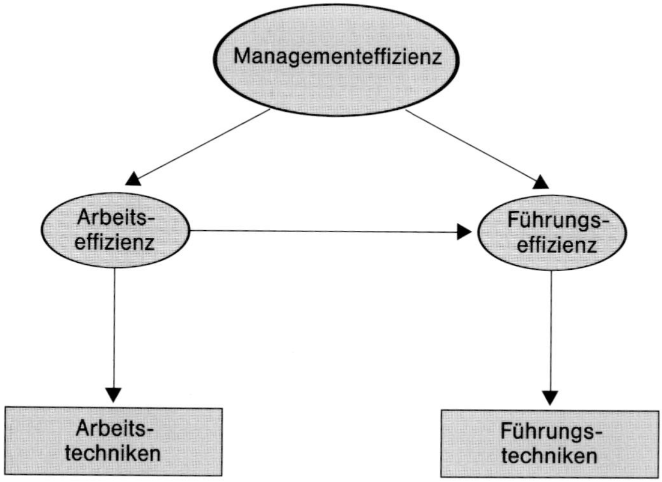

Abb. 21: Arbeitstechniken und Managementeffizienz

8.1 Rückblick und Aufstellung eines Maßnahmenplans

Umsetzung in die Praxis

Nachdem Sie nun Funktionen und Möglichkeiten des Selbstmanagements kennengelernt haben, sollen Sie den Inhalt dieses Buches bestmöglich für sich auswerten und die Ergebnisse in Ihre Praxis übertragen. Vielleicht werden Sie an der einen oder anderen Stelle gedacht haben: „Das möchte ich einmal probieren" o.ä., z.B. Prioritäten (ABC) zu setzen, ein Zeitplanbuch zu kaufen und zu führen, Tagespläne zu machen etc.

Rückschau

Blättern Sie das Buch daher noch einmal durch, und tragen Sie alle Anregungen, die Sie aufgreifen wollen, in den Maßnahmenplan ein, ***und zwar mit genauen Angaben über Inhalt, Zielperson und Termin*** *(vgl. Abb. 22).*

Maßnahmenplan „Selbstmanagement"		Datum:		
Selbstmanagement-Methoden, Arbeitstechniken	Maßnahmen, erste Schritte zum Erfolg	Start: geplant für	Ende: erledigt bis	Kontrolle: umgesetzt OK

Abb. 22: Maßnahmenplan

Beziehen Sie nicht nur dasjenige ein, was Sie jetzt verändern wollen, sondern auch, was Sie in Zukunft nicht mehr machen wollen, z.B. immer für alle ansprechbar sein zu können. Setzen Sie sich auch einen Termin für die erste **Überprüfung des Maßnahmenplans** (Frist: 2 - 4 Wochen)!

Termin für Überprüfung

Das Problem des Selbstmanagements besteht vielfach nicht in der fehlenden Kenntnis der Methoden, sondern in der mangelnden oder unzureichenden Anwendung des Instrumentariums. In diesem Zusammenhang sind die nachfolgenden Hinweise zu sehen.

Mangelnde Konsequenz

8.2 Hinweise zur Umsetzung in die Praxis (Transfer)

- Fangen Sie mit einigen wenigen Problemen an, die für Sie wirklich dringend sind. Konzentrieren Sie sich darauf, und schließen Sie diese ab, bevor Sie andere in Angriff nehmen.

Prioritäten

- Nehmen Sie sich nicht zuviel auf einmal vor, leiten Sie nur realisierbare Schritte ein.

Weniger ist mehr!

- Versuchen Sie nicht gleich, allzu perfekt zu werden.
- Beginnen Sie jede neue Gepflogenheit so intensiv und so rasch wie möglich (mit Checkliste für jeden Tag!).
- Kündigen Sie Ihren Wandel an.
- Besprechen Sie Ihre Vorhaben mit Ihren Mitarbeitern, und versuchen Sie, diese möglichst vorher mit einzuschalten.
- Arbeiten Sie ab sofort und konsequent mit einem geeigneten Zeitplanbuch.

Zeitplanbuch

- Lassen Sie sich von außen ruhig unter Druck setzen: Schalten Sie Ihre Assistentin/Ihren Assistenten sofort mit ein, und lassen Sie sich von ihr/ihm kontrollieren und mahnen.

Coaching

Termine

- Setzen Sie sich selbst realistische Termine und Fristen.

Selbstkontrolle

- Kontrollieren Sie sich von Zeit zu Zeit selbst.

Und: Man kann **jeden** Tag neu beginnen!

Ergebnis zählt

Es kommt am Ende nicht darauf an, was Sie angefangen haben, sondern darauf, was Sie erfolgreich **durchgeführt** haben.

8.3 Fluchtstrategien und Widerstände

Vermeidungsverhalten

Wie werden Sie sich im Alltag möglicherweise **selbst überlisten,** um nicht planmäßig und systematisch zu arbeiten, z.B. wenn eine unangenehme Arbeit die höchste Priorität hat?

- Öffnen Sie dann erst einmal die Tagespost?
- Führen Sie ein ablenkendes Gespräch mit anderen?
- Werfen Sie einen Blick in die Tageszeitung, das neueste Wirtschaftsmagazin etc.?

- Beginnen Sie mit einem anderen, weniger wichtigen oder einem einfacheren Vorgang?
- Räumen Sie erst einmal Ihren Schreibtisch oder das Büro auf (vgl. „Anti-Aufschieberitis-Check", S. 70)?
- Erledigen Sie vorher noch schnell das eine oder andere Telefonat?
- ______________________________ ? (Ihre Version)

Innere Widerstände

Oder bauen Sie **Widerstände** gegen das Thema **Selbstmanagement** als solches auf?

- Das habe ich noch nie so gemacht.
- Das mache ich ja so ähnlich schon seit Jahren.
- In meiner praktischen Arbeit als .... geht das nicht.
- Da lachen mich ja meine Kollegen (Chefs, Mitarbeiter) aus.

- Die tägliche Hektik, Arbeitsdruck, Termine etc. lassen mir keine Zeit dazu.
- Das funktioniert nur in der Theorie.
- Das sind doch alles Binsenweisheiten.
- Wenn das so einfach wäre, dann täte es doch jeder.

Probieren geht über studieren

Vielleicht probieren Sie einmal das eine oder andere Selbstmanagement-Instrument einfach aus:

Wenn nicht jetzt – wann dann?

Viel Erfolg!

Prioritäten-Check

Nur durch richtiges Prioritätensetzen gewinnen Sie mehr Zeit. Überprüfen Sie anhand der Checkliste, welche Punkte bereits für Sie zutreffen. Markieren Sie dazu das entsprechende Feld.

	OK
1. Konzentrieren Sie Ihre Kräfte und Energien auf Ihr lohnenswertes Ziel, vernachlässigen Sie Nebensächliches.	
2. Prüfen sie auch, bei welcher Aufgabe das meiste Geld oder finanzielle Risiko auf dem Spiel steht.	
3. Überlegen Sie, was schlimmstenfalls passiert, wenn Sie diese Aufgabe oder Tätigkeit jetzt nicht tun würden.	
4. Denken Sie nach, welchen Unterschied es in einem Jahr macht, wenn Sie diese Aufgabe heute nicht getan hätten.	
5. Machen Sie sich bewußt, daß Sie es ohnehin nicht allen Menschen (Kollegen, Chefs, Kunden etc.) recht machen können.	
6. Unwichtige und wenig dringliche Aufgaben sollten Sie ganz bleiben lassen.	
7. Unwichtige, aber dringliche Aufgaben sollten Sie delegieren oder reduzieren.	
8. Wichtige, aber wenig dringliche Aufgaben sollten Sie einplanen und terminieren.	
9. Wichtige, aber dringliche Aufgaben stellen ein Problem dar und sollten sofort in Angriff genommen werden.	
10. Fragen Sie sich immer wieder: Führt das, was ich jetzt tun will, zu meinen Zielen?	

Delegations-Check

Delegieren ist ein wichtiger Aspekt für erfolgreiches Zeitmanagement. Hier die wichtigsten Punkte für Sie in Form einer Checkliste. Markieren Sie die für Sie wichtigsten Fragen.

	OK
1. Was soll alles getan werden (Inhalt)? Welche Teilaufgaben sind im einzelnen zu erledigen?	
2. Welche Probleme und Schwierigkeiten sind zu erwarten? Wie können diese gelöst werden?	
3. Wer ist am besten geeignet, diese Aufgabe oder Tätigkeit auszuführen? Wer soll bei der Ausführung mitwirken?	
4. Warum soll die Aufgabe oder Tätigkeit getan werden (Motivation, Zielsetzung)?	
5. Was passiert, wenn die Aufgabe nicht oder nur unvollständig ausgeführt wird?	
6. Wie soll bei der Ausführung vorgegangen werden (Umfang, Details)? Welche Methoden sollen berücksichtigt werden?	
7. Welche Vorschriften und Richtlinien sind zu beachten? Welche Stellen/Abteilungen sind zu informieren?	
8. Welche Kosten dürfen entstehen? Wie hoch ist das Budget?	
9. Womit soll gearbeitet, welche Hilfsmittel sollen eingesetzt werden? Welche Unterlagen werden benötigt?	
10. Wann soll die Aufgabe erledigt sein (Zwischen- und Hilfstermine)? Wann muß ich was kontrollieren, um rechtzeitig einzugreifen?	

Meetings-Checkliste

Das Gelingen eines internen oder auch externen Meetings ist von verschiedenen Faktoren abhängig. Für die Vorbereitung Ihres Meetings stellen wir Ihnen eine Checkliste zur Verfügung. Markieren Sie die für Sie wichtigsten Punkte.

	OK
1. Festlegung einer klaren, meßbaren Zielsetzung. Handelt es sich um eine Informations-, Problemlösungs- oder Entscheidungskonferenz?	
2. Gute Organisation (Technik, Raum, Hilfsmittel) mittels Checkliste und Zeitplan (Anfang und Ende) sicherstellen.	
3. Inhaltliche Vorbereitung (Tagesordnungspunkte mit grober Zeiteinteilung pro Thema, Informationen, Unterlagen) aller Beteiligten veranlassen.	
4. Zeitrahmen setzen und einhalten. Die optimale Dauer liegt bei max. 90, besser nur 60 Minuten; bei vielen TOPs sonst eine Pause einlegen.	
5. Pünktlich beginnen: Wer einmal wartet, wartet immer. Sind alle Unterbrechungsmöglichkeiten und Störfaktoren ausgeschaltet?	
6. Selbst- und Zeitdisziplin aller Beteiligten. Sind ein Zeitführer ernannt und eine optimale Zeitdauer mit definiertem Ende für die Besprechung festgelegt worden?	
7. Visualisierungshilfen (Flipchart, Tafel, Overhead-Projektor, Arbeitsblätter) nutzen. Diskussionsbeiträge sollten für alle sichtbar aufgeschrieben werden.	
8. Konsequentes Konferenzmanagement: Begrenzen Sie Abschweifungen vom Thema, und kontrollieren Sie, ob vereinbarte Zielsetzungen auch erreicht werden.	
9. Einigung und Entscheidung zur Ergebnissicherung mit Follow-ups: Wer macht was bis wann?	
10. Handschriftlicher Aktivitätenplan und Ergebnisprotokoll. Beides kann sofort fotokopiert und am Ende allen Beteiligten mitgegeben werden.	

Telefon-Checkliste

Hier sehen Sie die wichtigsten Regeln für ein erfolgreiches Telefongespräch. Nehmen Sie diese Checkliste als Anregung und überprüfen durch Ankreuzen, welche Punkte für Sie bereits zutreffen.

	OK
1. Machen Sie sich den Grund Ihres Gesprächs klar: Welches Ziel wollen Sie konkret erreichen?	
2. Welche Themen, Probleme, Fragen, Ideen, Vorgänge etc. wollen Sie mit Ihrem Gesprächspartner klären oder diskutieren?	
3. Bereiten Sie alle wichtigen Unterlagen vor (Kundenakte, Korrespondenz, Vorgang etc.). Suchen während des Gesprächs kostet Zeit und Nerven.	
4. Bereiten Sie sich auf Einwände und Fragen des Gesprächspartners vor. Noch können Sie in Ruhe überlegen, wie Sie sie entkräften.	
5. Straffen Sie die Kontaktphase. Die Eröffnung eines Telefongesprächs bestimmt auch seinen Verlauf und das Ende.	
6. Sagen Sie zu Beginn, worum es geht, was Sie wollen und welche Punkte Sie ansprechen wollen: Ihr Gespräch verkürzt sich!	
7. Verfolgen Sie insbesondere bei Ferngesprächen die Dauer = Kosten Ihres Anrufes (z.B. Telefon-Display mit Zeit- oder Gebührenzähler).	
8. Fassen Sie bei längeren Gesprächen das Ergebnis und evtl. Maßnahmen (wer macht was bis wann?) am Ende kurz zusammen.	
9. Fassen Sie sich kurz: Schließen Sie das Gespräch ab, sobald das Gesprächsziel erreicht ist.	
10. Notieren Sie Ergebnis und Follow-ups: Halten Sie sofort Daten, Aufgaben und Termine fest, solange die Informationen noch frisch sind.	

Posteingangs-Checkliste

Viel Zeit geht immer wieder für Alltägliches verloren. Dazu gehören z.B. all die täglich eintreffenden Briefe. Hier sehen Sie eine Checkliste für den richtigen Umgang mit der täglichen Post. Markieren Sie die für Sie wichtigsten Punkte.

	OK
1. Lassen Sie sich nur die Eingangspost vorlegen, die für Sie von Bedeutung ist, und verzichten Sie auf sämtliche Routinepost.	
2. Lassen Sie sich die Eingangspost vorsortiert (z.B. nach Prioritäten) in Ordnermappen vorlegen.	
3. Veranlassen Sie, daß Ihnen zu Eingangsbriefen der bereits vorhandene Vorgang als Unterlage beigelegt wird.	
4. Befördern Sie direkt in den Papierkorb, was ohne Informationswert ist, nicht bearbeitet oder aufgehoben werden muß.	
5. Markieren Sie beim Lesen eines Briefes sofort alle wichtigen Textstellen, um Ihnen und anderen die nachfolgende Bearbeitung zu erleichtern.	
6. Versehen Sie einen Brief sofort mit Bearbeitungsvermerken, z.B. Antwort-Stichpunkte, Erledigungstermin, Bearbeiter, Verteiler, Ablage o.ä.	
7. Leiten Sie Eingangsschreiben, die von einer anderen Stelle bearbeitet werden müssen oder sollen, sofort an diese weiter.	
8. Erledigen Sie einen Eingangsbrief, wann immer dies möglich ist, sofort, also während der Postdurchsicht.	
9. Nehmen Sie jedes Schriftstück möglichst nur einmal in die Hand, um damit sofort etwas konkret zu tun oder zu veranlassen.	
10. Richten Sie sich einen dreistufigen Postkorb mit folgenden Fächern ein: Soforterledigung – Wiedervorlage – Ablage.	

Anti-Aufschieberitis-Check

Lassen auch Sie gerne verschiedene Arbeiten liegen? Hier haben Sie eine Checkliste gegen diese Aufschieberitis. Sehen Sie sich diese Liste durch und markieren Sie die wichtigsten Punkte.

	OK
1. Machen Sie eine Bestandsaufnahme, und legen Sie eine Aktivitäten-Liste mit allen aufgeschobenen und Sie belastenden Aufgaben an.	
2. Fragen Sie sich selbstkritisch: „Werde oder will ich diese Aufgabe jemals noch erledigen?“ und streichen Sie viele Vorhaben endlich.	
3. Bilanzieren Sie, und listen Sie für jede Aufgabe alle „Gründe für Ihr Aufschieben“ und daneben die „Vorteile bei abschließender Erledigung“ auf.	
4. Überwiegen die Gründe fürs Aufschieben, fragen Sie sich, ob Sie die Aufgabe wirklich noch erledigen und nicht endlich streichen können.	
5. Überwiegen die Vorteile zur Erledigung, packen Sie die Aufgabe endlich an: Wenn nicht jetzt – wann dann?	
6. Zergliedern Sie nach der Salami-Taktik jede bisher aufgeschobene Aufgabe in kleine durchführbare Schritte und fangen Sie einfach an.	
7. Legen Sie für jeden Zwischenschritt einen konkreten Erledigungstermin fest und übertragen Sie diese Termine in Ihre Tagesplanung.	
8. Lassen Sie sich durch andere fragen, ob Sie es tatsächlich geschafft haben; ersatzweise können Sie sich auch selbst kontrollieren.	
9. Belohnen Sie sich nach jedem erreichten Zwischenschritt; so wächst Ihre Motivation zur Bewältigung der nächsten Teilaufgabe.	
10. Beginnen Sie erst dann eine neue Aktivität, wenn Sie Ihre Schiebe-Aufgabe komplett beendet haben.	

Literatur

(1) *Beer, Ulrich:* Praktisches Selbst-Management. Die Grundlage des persönlichen Erfolges. Freiburg i. Br.: Herder 1983.

(2) *Bisani, Fritz:* Technik und Methoden des „Selbstmanagement". Heiligenhaus: System-Management o. J.

(3) *Braem, Harald:* Selftiming. Über den Umgang mit der Zeit. München: Langen Müller/Herbig 1988.

(4) *Feyler, Günther:* Schluß mit der Zeitnot! Erfolgreich, streßfrei und länger leben. 2. Aufl. Ehningen: Expert 1995.

(5) *Friedrich, Kerstin* und *Seiwert, Lothar J.:* Das 1x1 der Erfolgsstrategie. Vier Prinzipien der EKS-Strategie, sieben Phasen zur Spitzenleistung, drei erfolgreiche Praxisbeispiele. 5. Aufl. Frankfurt und Offenbach: FAZ und GABAL 1995.

(6) *Fuchs, Helmut* und *Graichen, Winfried U.:* Bessere Lernmethoden - Effiziente Techniken für Erwachsene. 2. Aufl. München: mvg 1994.

(7) *Gay, Friedbert* und *Seiwert, Lothar J.:* Das 1 x 1 der Persönlichkeit. Sich und andere besser verstehen, beruflich und privat das Beste erreichen, das DISG-Persönlichkeits-Modell anwenden. Offenbach: GABAL 1996.

(8) *Geffroy, Edgar K.* und *Seiwert, Lothar J.:* Zeitmanagement für Verkäufer - Mehr Zeit für Verkaufserfolge, 2. Aufl. Landsberg: Moderne Industrie 1993.

(9) *Gesellschaft für Arbeitsmethodik (GfA) e.V.:* Methodenhandbuch der Arbeits-, Führungs- und Erfolgsmethoden (für Mitglieder der GfA). 3. Aufl. Kaiserslauten: GfA-Fauteck 1989.

(10) *Graichen, Winfried U.* und *Seiwert, Lothar J.:* Das ABC der Arbeitsfreude. Techniken, Tips und Tricks für Vielbeschäftigte. 8. Aufl. Offenbach: GABAL 1995.

(11) *Graichen, Winfried U., Seiwert, Lothar J.* und *Fuchs, Helmut:* Ganzheitliches Zeitmanagement – Mehr Lebens- und Arbeitsfreude. Ein persönliches Trainingsprogramm. 2. Aufl. München: mvg 1992.

(12) *Hirzel, Matthias:* Managementeffizienz. 4. Aufl. Wiesbaden: Gabler 1989.

(13) *Kitzmann, Arnold:* Persönliche Arbeitstechniken und Zeitmanagement. 2. Aufl. Ehningen: Expert 1994.

(14) *Klose, Michael; Seiwert, Lothar J.* und *Graichen, Winfried U.:* Verkaufen Sie sich einfach an die Spitze. Erfolgsgesetze, Verkaufsgespräche, Zeitmanagement. München und Landsberg a. Lech: mvg 1993.

(15) *Le Boef, Michael:* Mehr leisten – weniger arbeiten. Doppelt so erfolgreich in der halben Zeit. 2. Aufl. München: mvg 1991.

(16) *Mackenzie, R. Alec:* Die Zeitfalle. Der Klassiker für Zeitmanagement in Neuausgabe. 11. Aufl. Heidelberg: Sauer 1995.

(17) *Müller-Klement, K. Georg* und *Seiwert, Lothar J.:* Zielwirksam arbeiten – Technik, Methodik und Praxis des persönlichen Zeitmanagement. 10. Aufl. Ehningen: Expert 1995.

(18) *Ochsner, Martin:* Persönliche Arbeitstechnik. Gießen: G. Schmidt 1990.

(19) *Rasche, Hans O.:* Selbstmanagement und Arbeits-Methodik. 2. Auflage Heiligenhaus: System-Management 1989.

(20) *Roth, Werner; Seiwert, Lothar J.* und *Wagner, Hardy* (Hrsg.): Zeitmanagement-Methoden auf dem Prüfstand. Management mit Zeitplanbuch, PC und PDA (über 100 Zeitplanbücher, Elektronische Organizer und Software-Programme im Überblick). 3. Aufl. Springe und Bremen: Verlag W. Roth und GABAL, 1994.

(21) *Seifert, Josef W.:* Besprechungs-Moderation. 2. Aufl. Offenbach: GABAL 1995.

(22) *Seiwert, Lothar J.:* Arbeitstechniken, in: Handwörterbuch der Führung, hrsg. von A. Kieser/G. Reber/R. Wunderer, 2. Aufl. Stuttgart: Poeschel 1995, Sp. 45-61.

(23) *Seiwert, Lothar J.:* Das „neue" 1 x 1 des Zeitmanagement. Zeit im Griff, Ziele in Balance, Erfolg mit Methode. 17. Aufl. Offenbach: GABAL 1995.

(24) *Seiwert, Lothar J.:* MEHR ZEIT FÜR DAS WESENTLICHE,
– als Buch-Untertitel „Besseres Zeitmanagement mit der SEIWERT-Methode"-: 16. Aufl. 1994.
– als Audio-Cassette mit Textheft und Trainingskarten: 4. Aufl. 1993.
– als Video mit Begleitheft und Trainingsplan: 5. Aufl. 1994.
– als interaktive Lernsoftware mit Spielen – Obertitel „TimeWinner" –: 1. Aufl. 1994.
alle erschienen: Landsberg: Moderne Industrie.

(25) *Siegert, Werner:* Selbstmanagement und Liebe. Mehr Lebensenergie. München: mvg 1991.

(26) *Stielau-Pallas, Alfred R.:* Ab heute erfolgreich. Ziele erreichen - Träume erfüllen. 6. Aufl. Bonn-Bad Godesberg: Rentrop 1993.

(27) *Stroebe, Rainer W.:* Arbeitsmethodik (2. Bd.) 6./5. Aufl. Heidelberg: Sauer 1993.

(28) *Theisen, Manuel R.:* Wissenschaftliches Arbeiten. Technik-Methodik-Form. 8. Aufl. München: Vahlen 1995.

(29) *Wagner, Hardy:* Persönliche Arbeitstechniken - Grundlagen und Methoden erfolgreichen Selbst-Managements. 5. Aufl. Bremen: GABAL 1993.

(30) *Zielke, Wolfgang:* Handbuch Lern-, Denk-, Arbeitstechniken. München: mvg 1988.

Stichwortverzeichnis

GABAL e.V.

Gesellschaft zur Förderung
Anwendungsorientierter
Betriebswirtschaft und
Aktiver
Lehrmethoden

Wer sind wir und was wollen wir?

Wir sind ein gemeinnütziger Zusammenschluß von **Praktikern aus Wirtschaft und Hochschule** und bestehen seit 1976. Unsere mehr als 1000 Mitglieder sind Unternehmer und Führungskräfte aus Wirtschaft und Verwaltung, Hochschullehrer sowie Trainer und Unternehmensberater.

Wir sehen unsere Hauptaufgabe in der Förderung der Zusammenarbeit zwischen Wirtschaftspraxis und Hochschulen sowie in der Entwicklung und Durchsetzung eines ganzheitlichen und zukunftsorientierten Weiterbildungs-Konzeptes zur Erfolgssteigerung für unsere Zielgruppe: Mittelständische Unternehmer und Führungs- und Nachwuchskräfte, Hochschuldozenten, Berater und Trainer sowie Studenten und Absolventen unterschiedlicher Bildungs-Einrichtungen.

Derzeitige Schwerpunkte unserer Arbeit sind:

- Ein ganzheitliches Weiterbildungskonzept zur Persönlichkeits- und Unternehmens-Entwicklung für die 90-er Jahre.
- Förderung der Publikation preisgünstiger arbeitsmethodischer Schriften für Aus- und Weiterbildung einschließlich entsprechender Trainer-Leitfäden sowie von Praktiker-Schriften „How-to-Do-Bücher" für unsere Zielgruppe, z. B. *Das „neue" 1x1 des Zeitmanagement* (Lothar J. Seiwert), *Visualisieren, Präsentieren, Moderieren* (Josef W. Seifert) sowie *Stroh im Kopf?* (Vera F. Birkenbihl).
- Präsentation neuer Erkenntnisse, Modelle und Konzepte auf den GABAL-Symposien und in Seminaren.
- GABAL-Regional-Gruppen als Basis einer Kommunikation zwischen den Mitgliedern „vor Ort".

Der Vorstand der GABAL e.V. wird beraten durch ein Kuratorium, dem maßgebende Institutionen und Spitzenverbände der deutschen Wirtschaft angehören, z. B. das Institut der deutschen Wirtschaft (IW) in Köln, der Deutsche Industrie- und Handelstag (DIHT) in Bonn und das Rationalisierungs-Kuratorium der deutschen Wirtschaft (RKW).

Was bieten wir unseren Mitgliedern?

- Kommunikation, insbesondere auf den GABAL-Symposien und im Rahmen der Regional-Veranstaltungen.

Die Themen der letzten Symposien waren:

- ➜ Sich selbst und andere entdecken
- ➜ Systemisch-ganzheitliches Denken in Praxis, Studium und Weiterbildung
- ➜ Mit „STUFEN-Schritten“ zum Erfolg
- ➜ Den Wandel lernen
- ➜ Die lernende Organisation
- ➜ Erfolg durch Qualität
- ➜ Mensch-Team-Netzwerk

Unsere Seminar-Thematik:
Weiterentwicklung von Organisationen durch fachübergreifende und persönliche Weiterbildung des einzelnen.

Zusatz-Nutzen oder Was bieten wir darüber hinaus?

- Gutschein für den unentgeltlichen Bezug von GABAL-Büchern.
- Information durch unsere periodischen GABAL-Impulse sowie die Zeitschrift „wirtschaft & weiterbildung“, jeweils 6mal jährlich.
- Mitglieder-Rabatte auf die GABAL-Schriften sowie die Publikationen des Jünger Verlages.
- Attraktive Konditionen für die Teilnahme an den Symposien und Seminaren.
- Unterstützung der Zusammenarbeit von Hochschule und Wirtschaft.

Haben wir Ihr Interesse geweckt? Dann senden Sie die beiliegende Responsekarte ab oder schreiben/faxen/telefonieren Sie an unsere Bundesgeschäftsstelle:

GABAL e.V.
Hagedorns Kamp 11
51067 Köln
Telefon (0221) 680 64 83 • Fax (0221) 680 62 96